离家的
国宝

中国海外文物寻踪与鉴赏

陈文平
安夙

——

著

中信出版集团 | 北京

段勇

故宫博物院原副院长
上海大学党委副书记、教授
中国海外文物研究中心主任

　　中华文物源远流长，是中华民族宝贵的文化遗产。近代以来因种种原因，中国文物流散海外的情况十分严重，国宝星散难寻其踪。《离家的国宝》一书选择了10个流失文物史上的经典案例，以实地调查和翔实的资料，还原这些国宝是如何"离家"的，洵足后人反思；并精选了108件海外博物馆及其他公、私机构收藏的中国文物珍品，图文并茂地进行深入浅出的解读，使读者获得海外国之瑰宝价值的再认识。这是一本主题鲜明、值得推荐的著作。

王云霞

中国人民大学法学院文化遗产法研究所所长、教授
联合国教科文组织文化遗产法教席主持人

　　陈文平教授和安夙所著《离家的国宝》一书，精选了圆明园、敦煌莫高窟、天龙山石佛、昭陵两骏等10个重要流失文物案例展开叙事，还原了国宝流失转手和寻找其下落的历史原貌，并精选108件海外遗珍进行细致讲解，是文物返还领域的一项重要成果。该书为追索海外流失文物提供了一手资料，对于我国与海外相关机构就文物返还展开合作具有重要的促进作用。

目录

离 家 的 国 宝

下篇　海外中国文物珍品精选

前言

　　1988 年，我初次访日讲学，曾到日本许多公、私博物馆和美术馆参观，见所藏大量精美的中国文物，甚为震惊，睹物生情，不觉涌起阵阵隐痛和深深思考。

　　中国有着光辉灿烂的古代文化，作为文化遗存的文物极其丰富，它们是中华民族历史发展的实物见证。文物光华，彪炳世界。然而，清末第一次鸦片战争以后，由于国势衰微，大量珍贵文物或被列强明抢暗夺，或因不法商人走私倒卖而流落异国他乡，国宝重器屡遭浩劫，中国文化遗产遭受不可弥补的巨大损失。据联合国教科文组织不完全统计，在全世界 47 个国家的 200 多家公、私博物馆中，中国文物的数量达 167 万件之多，而流散在海外民间私人藏家手中的中国文物数量更是馆藏的数倍之多。可以说中国是世界上文物流失最严重的国家之一，中国饱受文物流失之苦。

　　正是那次日本之行，我意识到，对祖国文物的劫难和这一份沉重的文化遗产进行新的历史审视，并开展寻踪和追索研究，是作为中国人的我义不容辞的责任。此后 30 多年来，我一边从事教学工作，一边做着海外文物基础资料的数据库课题，奔走于大江南北、丝绸之路、海外博物馆等相关收藏机构，遍访踏查，追踪问迹，开展研究以期凿凿有据，为推动流失海外文物的寻踪和追索贡献绵薄之力。

这本《离家的国宝》，上篇由我撰写，讲述国宝流失的真相，努力挖掘流失海外文物背后鲜为人知的曲折经历；下篇由清华大学艺术博物馆的安夙老师撰写，精选并解读了 108 件海外珍贵文物。上篇选择的 10 个案例，"圆明园盛景的毁灭""敦煌莫高窟藏经洞宝藏的流散""天龙山石佛厄难记"等案例的代表性和重要性不言而喻。"被拍卖的皇家宝藏"讲述的则是 2017 年 3 月 15 日在纽约佳士得拍卖的 6 卷中国画，原为乾隆皇帝所收藏，后来流失至日本。6 卷古画拍出天价，其中南宋陈容的《六龙图》更是以 4 896.75 万美元的成交价，创造了当时中国艺术品拍卖新的世界纪录，可见其艺术和经济价值为国际认同。而"三学寺石狮与唐鸿胪井刻石之劫""昭陵两骏流失美国真相"是我实地考察了相关博物馆和收藏单位，并出席研讨会和追索活动，梳理出的第一手资料……

我们深知，流失海外的中国文物之巨，盈千累万，难计其数，这本书所收入的不过沧海一粟，但如果能触动一些读者，使其对中国文物的历史、艺术、科学价值有进一步认知和提高，激发民族自信心和自豪感，尤其是对文物流失海外有更多的关注和思考，这本书也就有了存在的意义。

所幸，流失海外文物的溯源调查与追索返还，近年来在国内日渐受到关注，每有相关消息公布，都深深牵动社会公众的热议。但是，在推动国宝回归的过程中，我们不但需要热情，更需要理性。对流失海外的中国文物要做具体分析，实事求是地处理。凡在过去的历史岁月中海外通过正常往来取得的中国文物，当不在追索之列。而对于因战争被劫掠之文物，以及非法挖掘、偷盗之文物，则应该通过各种方法和渠道追索返还。尤其是部分具有代表性的国宝文物。

今天，中国已不是当年积贫积弱的旧中国。远古的呼唤，百年的祈盼，对于流失海外的文物，中国人民不会因为时间的流逝而有丝毫的忘却。对本民族文化遗产的崇敬、自豪和责任感，正是本书写作的初心所在。

陈文平

2023 年 8 月 25 日

于上海大学

上篇

国宝离家之痛

第一章 ○文明浩劫
圆明园盛景的毁灭

公元 1860 年 10 月 18 日（清咸丰十年九月初五）。

北京西北郊上空突然浓烟滚滚，火光冲天，如血的火焰映红了半爿苍穹，大火三日不灭。号称"万园之园""无上之园"的圆明园，这座无与伦比的建筑奇观，被英法联军付之一炬，无数文物珍宝被劫掠一空。圆明园的劫难不仅是中国文化遗产的重大损失，也是世界文化遗产的重大损失。

———— 一 ————

圆明园位于北京西北郊海甸境内（现北京市海淀区），与附园长春、万春（原名绮春）两园合称"圆明三园"。三园毗邻，以水系相互连通。它是清代五朝帝王 150 余年间所创建和经营的一座富丽堂皇的大型皇家宫苑。

这里不仅风景如诗如画，以园林著称，而且也是一座皇家博物馆，收藏极为丰富，堪称文化宝库。作为清朝皇帝听政、休养之地，这里珍藏了大量历代传世的文物、珍宝、书画及大批重要的档案文件，几乎每一座殿堂都有许多珍贵的文物和精美的器具，上等的紫檀雕花家具，精致的古代瓷器，价值连城的历代名家书画，各类纯金器物以及珍珠、宝石、翡翠、象牙等名贵原料制作的摆件和艺术品，应有尽有，不计其数。在供奉佛像的舍卫城中，纯金的、镀银的、玉雕的、铜铸的佛像，从康熙以来庋藏，数量竟达 10 万尊以上。圆明园内奇珍异宝、历史文物的数量之巨和其豪华精美程度，令人难以想象。

1860 年 10 月 6 日，侵入北京的英、法联军冲进了这座闻名已久的艺术宫殿。闯进圆明园的第二天，英、法联军立即"协派英法委员各三人合议分派园内之珍物"。法军司令蒙托邦当天即函告法外务大臣："予命法国委员注意，先取在艺术及考古上最有价值之物品。予行将以法国极罕见之物由阁下以奉献皇帝陛下，而藏之于法国博物院。"英军司令格兰特也立刻"派军官竭力收集应属于英人之物件"。

三天之后，这座世界闻名的园林已千疮百孔，园内文物珍宝几乎荡然无存。经历 150 余年、耗资亿万、五朝皇帝精心营造的中西合璧的巨型艺术建筑群就这样毁于一旦。圆明园的焚掠，在人类文化史上的损失是无法估量的。侵略者不但毁灭了世界上这座举世无双的园林杰作，而且还洗劫破坏了中国历代所珍藏下来的历史文物。这些中外罕见的艺术宝藏，或被付之一炬，或被肆意毁坏，或被劫掠至海外。汇集了我国优秀文化遗产的经典巨著《四库全书》《古今图书集成》等书籍的文渊阁，也被焚毁了。东晋大画家顾恺之的《女史箴图》（唐人摹本）被英人掠去，现藏于英国伦敦的大英博物馆。沈源、唐岱所画的《圆明园四十景图》被法人掠去，现藏于法国巴黎的国家图书馆。

1900 年（清光绪二十六年），八国联军侵入北京，圆明园又一次遭到劫难，园内新添的许多古代青铜器、名贵瓷器、珊瑚屏风、象牙雕刻、金银器具、绫罗绸缎、奇珍异宝，以及园内残存及陆续修复的建筑物，皆被拆抢一空，重现了 40 年前的情景，圆明园遭到彻底的毁灭。

　　圆明园文物国宝的损失已难以准确统计，仅从流失到欧美的文化
艺术珍品看，数量是极为惊人的。除了英国以外，法国是最重要的收
藏中心之一。

　　同治、光绪年间曾在清廷任职的张德彝，在他的《航海述奇》一
书中记载了他在伦敦目睹的情形："至一处，内极广阔洁净，见上下
罗列者，皆中国圆明园失去之物，置此赁卖。"其中有皇帝的龙袍、
貂褂，太后的朝珠，以及古玩、画轴等。

　　1904年8月和1905年8月，康有为曾两度赴法，著有《法兰西游记》
一书，记载了在法国博物馆见到大量的圆明园文物。在一博物院，曾
见到圆明园旧物"乾隆御笔"白玉方玺，上面雕镂二龙戏珠纽，玉质
极佳，为无上神品。康有为感叹："昔在北京睹御书无数，皆盖此玺文，
而未得见，又岂意今日摩挲之。"禁不住悲
从中来，哀称"见圆明园宝物令人伤心"。

　　在法国巴黎东南65公里，位于
塞纳河左岸约3公里处的枫丹白露
森林中，是著名的别墅，法国国王
修造的最大行宫之一——枫丹白露
宫。1863年，即第二次鸦片战争

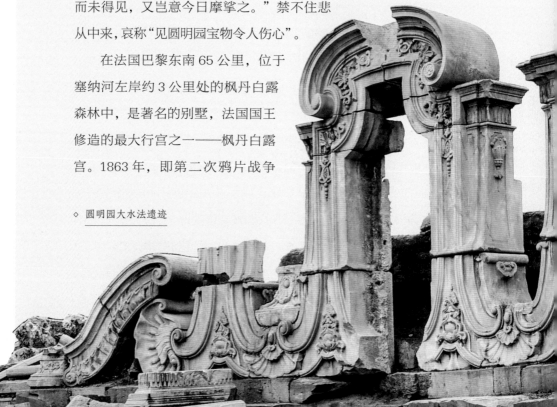

◇ 圆明园大水法遗迹

结束后三年，拿破仑三世及欧仁妮皇后在这里专门修造了一个中国馆，收藏从圆明园劫掠来的上千件珍贵文物，全部是 1860 年蒙托邦所敬献，这些从圆明园被劫文物中挑选出来的精品，每一件都可以称为稀世珍宝。

为了取得第一手资料，我曾两度赴圆明园，2014 年 7 月我还曾赴枫丹白露宫中国馆进行专题调研。

在中国馆的入口处，赫然矗立着一座"聚宝龙亭"，雕刻精湛，色彩艳丽，是一件罕见的皇家名物。

走进中国馆大门，放眼望去，尽是中国的稀世珍宝，抬头就看见头顶上三幅巨大的乾隆时期缂丝佛画像，作为天篷装饰着整个天花板空间，让中国馆看上去极其奢华。传说一寸缂丝一寸金，缂丝制品历来是皇家御用之物，其工艺精致无比，线条流畅，纹饰层次清楚，立

◇ 枫丹白露宫中国馆门口陈列的"聚宝龙亭"

体感极强。这三幅缂丝主题绘三世佛及弟子十八罗汉、四大金刚形象，显得典重庄严，是缂丝佛画像中不可多得的传世珍品，应是来自圆明园内某个佛堂或藏传佛教寺庙。

展厅中央，三幅缂丝佛画像下，悬挂着一盏华丽的景泰蓝吊灯，吊灯主件由上下两部分组装而成，上部是一件明代的景泰蓝花觚，下部是一件乾隆年间的景泰蓝大方箱盖子，造型别致，给人以美感。吊灯的下方摆放着一件景泰蓝兽组带盖鎏金四兽足大方箱，原为一对，其中一件的盖子改装为吊灯的下部，并重新配了精美的西洋式组头。据考证此方箱即古代之冰箱，用以放置冰块和水果。

◇ 法国枫丹白露宫

展厅进口处放置一对不同造型的景泰蓝大香薰，冰箱和香薰应是圆明园正大光明殿或九州清晏殿内的日用器物。景泰蓝又叫铜胎掐丝珐琅，是从欧洲经丝绸之路传入中国的，因明朝景泰朝皇帝时期将这门技艺推向第一个高峰而得名。景泰蓝制作工艺极为复杂，成型后外观晶莹精美，图案鲜艳夺目，被称为国宝精粹。

中国馆内最显著的位置摆放着一座高约2米的鎏金佛舍利塔，塔身开挖一佛龛，内供奉释迦牟尼佛。塔刹为日、月、伞和三宝，镶嵌硕大的绿宝石。塔身和须弥座亦层层以绿宝石镶嵌，铸造技术精湛，精美而不失庄严，代表着佛教中最理想的天界，是藏传佛教塔的典型样式，被视为无上珍品，显示出皇家供奉佛祖的至尊规格。此类佛塔在乾隆年间亦很少见，据史料记载，长春园含经堂一佛堂内有两座这样的金塔，与紫禁城慧曜楼佛堂内的金塔相类。

佛塔的左右放置一对象牙和一对青铜雕龙，铜龙造型生动，达到高超的艺术水准，与紫禁城、避暑山庄等处皇帝宝座前放置的铜龙造型相同，应曾是圆明园正大光明殿皇帝宝座前的摆设。金塔前的桌案上有两枚鎏金编钟，是圆明

◇ 枫丹白露宫中国馆展厅全景

◇ 枫丹白露宫中国馆内摆放的鎏金佛舍利塔

园仅有的一套16枚鎏金编钟中的两枚，其他14枚不知散失何处。此套编钟仿古代青铜镈的形制，交龙纽，饰云龙纹，为坛庙祭祀或殿陛典礼时奏乐之用，是十分珍贵的宫廷用器。

编钟之间摆放有一只掐丝珐琅麒麟，神态生动可爱，小巧玲珑，原为一对，另外一只现藏于台湾一私人处，是引人注目的艺术佳作，弥足珍贵。这只掐丝珐琅麒麟受到欧仁妮皇后的喜爱，她曾将其摆放于王宫卧房的榻侧，视如宠物。

柜橱及多宝格内陈设有商周青铜器、明清官窑瓷器、乾隆玉玺、御制碧玉册、大小金塔、金曼达、金银玉翠、景泰蓝器物、犀牛角，以及大量的玛瑙、水晶、珊瑚、雕漆等珍贵文物艺术品。

在一个柜橱内，摆放着一件金曼达，又称曼达拉供盘或坛城，是藏传佛教的寺庙摆设品。此件金曼达铜镀金，镶有绿松石、红珊瑚和

◇ 柜橱内摆放的金曼达

珍珠等多种宝石，中央凸起的部分为须弥山，四周为婆罗门教的四大部洲。绿松石为藏传佛教七宝之一，是珠宝中的灵物。作为供佛教信徒修行的圣物，绿松石护佑灵魂，辟邪消灾。台北故宫博物院存有一件类似形制的金嵌松石珊瑚坛城，此物原供于北京西黄寺，后请于内廷养心殿，有墨书满、汉、蒙、藏文记录："利益金造曼达，乃世祖皇帝时五辈达赖喇嘛来京供于西黄寺，章嘉胡土克图以其吉祥万年、寰宇康宁、众生利益，故奏闻皇上，请于内廷供奉。"这是清朝中央政权与西藏政治和宗教互动关系的见证。

2015年3月1日，枫丹白露宫中国馆的15件珍贵展品遭窃，至今不知所终，其中就包括陈列于展室中的掐丝珐琅麒麟和金曼达，引起文博界与国际舆论一片哗然，中国馆在闭馆很长时间后才重新开放。

馆内柜橱间，置放着硕大的掐丝珐琅五供。这样大型的珐琅彩，应是乾隆年间的艺术珍品，国内现存也十分稀少。五供中间是香炉，两边对称摆放的是花觚。从大小和形状上来看，枫丹白露宫内的圆明园珐琅五供，与北京雍和宫的珐琅五供如出一辙，可以肯定这两套珐琅五供为同批制造。

瓷器是该馆藏品中最多的一类，有碗、罐、壶、瓶、盘、瓷塑等。瓷器中大部分为康熙五彩和乾隆粉彩，其中一只百花壶更是少见，壶体上绘有各种花卉图案，梅花、菊花、荷花、牡丹等绘满壶体，画工极精，具有一种妩媚瑰丽之美。一对康熙年间的五彩大盘摆放在该馆的桌子上，盘内的图案取材于水浒和三国故事，绘有人物、战马、景物等。这件五彩大盘是康熙年间的精品。康熙时期的五彩瓷器比明代又有很大发展，制瓷匠师把这种传统的釉上彩瓷工艺推向了高峰。由于色彩的丰富和对炉温控制适当，康熙五彩一般都艳丽光润，远超明代五彩器。图案装饰有人物、花鸟、鱼虫等，其中以人物故事艺术价值最高。珍贵的瓷器还有一件宣德青花大碗，宣德青花瓷器是中国古代青花瓷器生产的高峰，《景德镇陶录》卷五评价宣德青花瓷器"诸料悉精，青花最贵"，足见其名贵。

多宝格内还有一件精致的清乾隆绿松石底粉彩西番莲撇口瓶，做工十分精细，器型精美。瓶身的纹饰为融入了西洋风格的西番莲纹，其图案的刻画十分精致，栩栩如生。加之其釉色仿掐丝珐琅制作，因而十分独特，堪称同类器型中的极品。康熙时期制瓷业的一个重大贡献是粉彩的发明。粉彩瓷器是在康熙五彩基础上，受珐琅彩制作工艺影响而创制的一种釉上彩。粉彩是以铅粉为溶剂掺入绘瓷彩料中，其色彩浓淡协调，妍丽柔和，色彩比五彩丰富，画面层次分明，具有中国传统绘画中的没骨法渲染的艺术效果。

玉器有玉壶、玉碗、玉鼎、玉洗、玉塑、玉插屏等，这些玉器选料精，做工细，圆润晶莹，堪称玉器中的精品。有些玉插屏上刻有金饰皇帝御制诗。有一件玉洗为琥珀色，刻有花纹，呈椭圆形，四个半裸男孩趴在笔洗的边沿上。这件玉洗与故宫博物院藏品中的一只儿戏笔架似

◇ 柜橱内摆放的各种珍贵文物

平是一套文房用品中的两件。应是摆放在圆明园某个皇帝书房中的文房用具，如皇帝在园内处理日常政务的地方"勤政亲贤"，或含经堂等。

漆器中有一件剔红漆盒，剔红又称剔红漆、红雕漆，漆器工艺成熟于宋元时期，鼎盛于明清两代。漆器制作工艺极为复杂，做一件盒子至少要花上一两年的时间，极费工时。因而自古以来，剔红漆器是可远观不可亵玩的王公贵族收藏。这件剔红漆盒雕刻精细，图案为百子游戏图，通体百子神态不一，形象生动，华美富丽，是传世剔红漆器的罕见名作。

三

圆明三园之一长春园内的海晏堂，是长春园内最大的中西合璧的西洋建筑。在海晏堂正面朝西，建有著名的水力钟，两侧排列十二生肖的人身兽头。兽头为铜铸，高约 50 厘米。十二生肖合十二时辰，代表一天的时间。每过一个时辰，代表那个时辰的动物铜像就从口中喷出水来，正午时十二生肖同时从口中喷水，蔚为壮观，生趣盎然。

据史料记载，乾隆十五年（1750）十一月传旨："长春园内水法处正楼上铜栏杆着改做琉璃栏杆，水池泊岸上铜异兽交铸炉处依原样制作。"对照西洋楼铜版画，水池边有异兽者，只有海晏堂一处，应即是十二生肖兽首。兽首由郎世宁设计，喷泉装置则由法国传教士蒋友仁设计。铜像和喷泉装置既有浓郁的中国传统审美情趣，同时又融合了东西方造型艺术的特点，成为融合东西方文化的艺术珍品。

1860 年圆明园被劫毁后，十二生肖人身石像全部被毁坏，12 只铜兽头像也被掠至海外。最初这些铜兽头像一直被人秘密收藏，杳无踪影，

◇ 圆明园十二生肖牛首铜像，北京保利艺术博物馆藏

◇ 圆明园十二生肖猴首铜像，北京保利艺术博物馆藏

◇ 圆明园十二生肖猪首铜像，
北京保利艺术博物馆藏

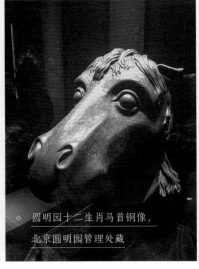

◇ 圆明园十二生肖马首铜像，
北京圆明园管理处藏

◇ 圆明园十二生肖虎首铜像，北京保利艺术博物馆藏

直到 20 世纪 80 年代才有了消息。

颠沛流离一百多年，如今十二尊兽首中已经有七尊回归国内：猴首、牛首、虎首、猪首收藏于保利艺术博物馆；鼠首和兔首收藏于中国国家博物馆；马首重回圆明园。2018 年，有消息称，疑似龙首的文物在巴黎一场小型拍卖会上现身，最终以 240 万欧元被一位加拿大华人买家拍下。令人深感遗憾的是，另外的四尊兽首铜像——蛇首、羊首、鸡首、狗首，至今下落不明，成了历史悬案。

第二章 ◯吾国伤心
敦煌莫高窟藏经洞宝藏的流散

在河西走廊西端，丝绸之路南、北两道东进与西去的会合处，便是古代中国西部重镇敦煌所在地。著名的敦煌莫高窟，位于敦煌东南鸣沙山东麓。

1900 年 6 月，正当八国联军的炮火轰开了天津城，直逼清王朝的帝都皇城——北京之时，在敦煌的莫高窟发生了一件震惊世界的大事，我国文化史上最重大的遗存之一——敦煌莫高窟藏经洞被发现了。

◇ 敦煌莫高窟

◇ 敦煌莫高窟第 17 窟藏经洞

然而不幸的是，敦煌遗书发现于西方列强正在加紧侵略中国的时代，许多宝藏被外国的所谓"学者""考察团"掠去。早在 1930 年，国学大师陈寅恪先生就沉痛地说："敦煌者，吾国学术之伤心史也。其发见之佳品，不流入于异国，即秘藏于私家。"敦煌遗书所蒙受的流散，令人扼腕叹息。

一

　　藏经洞，亦称石室。敦煌藏经洞是指莫高窟的第 17 窟。关于为什么将如此多的经卷文书藏于藏经洞，即藏经洞的封闭原因及时间，因未发现可信的文字记载，人们虽提出多种假说，众说纷纭，但迄今仍无定论，成为一桩历史公案。

　　星移斗转，岁月如流，直到 1900 年止，这批经卷文书在藏经洞中一直默默无闻地隐藏了约 900 年。

　　1900 年（一说为 1899 年）6 月 22 日，由于一件十分偶然的事情，藏经洞重新被人发现了。当时有个湖北麻城人叫王圆箓，他从肃州巡防军退伍后，由于生活无着而当了道士，并在莫高窟定居下来。这一天，王道士雇杨某在清除莫高窟洞内积沙时，在莫高窟北端七佛殿下现编号为 16 窟的甬道北壁处，无意中发现了藏经洞（即第 17 窟）的秘密。藏经洞是在清理 16 窟甬道积沙过程中偶然发现的，当是接近事实的，因此目前学术界一般公认此说比较可信。还有一说，藏经洞的发现是王道士雇杨某在 16 窟甬道抄经，杨某以草棍点烟，偶然将草棍插在壁上，发现壁上裂缝，始发现内有藏经洞。此说近于传奇，未必可信。

藏经洞敦煌遗书被发现后，王圆籙道士并不明白遗书的价值，他不知道自己已打开了一扇轰动世界的门户。据目前所知，敦煌遗书共有 60 000 余号卷，始于晋，终于宋初（约 5—11 世纪初），历时 6 个世纪。遗书中大约有百分之九十是宗教经典，包括佛经、道经、摩尼经、景教经等经卷，其中佛经最多。遗书的其余部分为字书、地志、小说、诗词曲赋、通俗唱本、信札、医书、历书、俗讲、户籍、契据、状牒及文书账簿等。幡画等艺术品亦有千件以上。

遗书的内容涉及古代社会生活的各个方面，举凡宗教、历史、经济、文学、语言、民俗、艺术、天文、医学等，多所包括。使用的文字除了大部分为汉文外，还有藏文、梵文、印度文、康居文（一种中亚文字）、佉卢文（一种古代印度地方文字）、于阗文、龟兹文、回鹘文、突厥文等。尤其珍贵的是，不少抄本注明了抄写时间、抄写人和抄写地点，故而这些文献更显得真实、生动和可信。敦煌遗书数量之大、范围之广、内容之丰富，是我国历史上其他古代文献的发现所很难企及的，它为研究中国历史提供了多方面的极其珍贵的文献资料，尤其对于了解我国西北及中亚各民族的古代历史，无疑有着无法比拟的重要价值。可以说，它们中的每一件都是价值无法估计的瑰宝。敦煌藏经洞的发现，向世界打开了一座名副其实的文化宝库，藏经洞也被称为"百科全书式的图书馆"。

19 世纪末 20 世纪初，一些国家组织所谓的"探险队""考察队"前来我国西北部进行考察发掘，形成一股探宝热。当他们得知敦煌发现古物的消息，一个个"探险队""考察队"急匆匆地赶往敦煌。

最早来到敦煌，并从这里掠走遗书的外国人是俄国的奥勃鲁切夫。他以 6 包劣质石蜡为诱饵，从王道士手中骗走了两大包藏经洞写本。

继奥勃鲁切夫之后来到敦煌的是英籍匈牙利人斯坦因。据《斯坦因西域考古记》记载，斯坦因得知藏经洞发现遗书的情况后，便迫不

◇ 《法华经疏》局部，俄罗斯科学院
　东方学研究所的圣彼得堡分所藏

及待地动身前往莫高窟，他认为："这种宝物很值得去努力侦察一番。" 1907 年 3 月 16 日，斯坦因终于来到了鸣沙山下的莫高窟，莫高窟中精美的壁画使他"惊心动魄"，为之倾倒。斯坦因明白，单靠金钱的诱惑来战胜王道士的顾虑，显然是不够的。

　　当时，王道士正在整修寺观，斯坦因发现有一幅新画的壁画《西游记》，立即灵机一动，与王道士大谈特谈玄奘法师西天取经的故事，引起了王道士的共鸣。王道士对玄奘一直崇拜至极，听斯坦因一席高谈阔论，便解除了戒备。斯坦因一看有机可乘，便欺骗王道士，说自己是当年去西天取经的玄奘的忠实信徒，声称他这次历经艰辛东来取经，就是肩负着把这些经卷送回原处的使命。斯坦因回忆说："我用我那很有限的中国话向道士述说我自己之崇奉玄奘，以及我如何循着他的足迹，从印度横越峻岭荒漠，以至于此的经过，他显然是为我所感动了。"与斯坦因同行的翻译蒋孝琬也趁机游说，充分发挥了他那天花乱坠的口才。这些话果然打动了愚昧无知却以卫道士自居的王道士的心，使他在不知不觉中落入圈套，答应借些经卷给斯坦因看看，但要他保密。

　　在斯坦因和蒋孝琬的一再劝说和欺骗下，王道士终于答应了斯坦因的要求。斯坦因回忆："到了半夜，忠实的蒋师爷自己抱着一大捆卷子来到我的帐篷之内，那都是第一天所选出来的，我真高兴极了。他已经同王道士约定，我未离中国国土以前，这些'发见品'的来历，除我们三人之外，不能更让别人知道。于是此后单由蒋师爷一人运送，又搬了七夜，所得的东西愈来愈重，后来不能不用车辆运载了。"

　　斯坦因乘机再次玩弄伎俩，立即提出双方立约，用施给庙宇作为

◇ 停留在敦煌县城的斯坦因行李车

修缮之需的形式，捐一笔款给道士作为酬劳。当时斯坦因"捐给"王道士的仅仅是 40 块马蹄银，即 40 锭银元宝，愚蠢无比的王道士为此而感到安详和满足。斯坦因心知肚明，这是便宜得离谱的价钱，他得意地给朋友写信说："这批遗书只花了 130 英镑，其他地方买一件梵文贝叶写本或一些古旧物品就要这些钱了。"6 月 13 日，斯坦因率领三匹马拉的大车共 5 辆，加上骆驼、马匹的驮运队伍，满载着敦煌宝藏，浩浩荡荡地告别了鸣沙山，向安西出发。

数月之后，40 块马蹄银"买"走的 24 箱经过斯坦因挑选的价值连城的经卷写本和 5 箱绣品及其他许多珍贵的文物，随着浩浩荡荡西去的车队，离开了中国。16 个月以后，这些精美绝伦的无价珍宝便被安置于英国伦敦的大英博物馆里了。

斯坦因在中国所获的全部文物珍品陆续运到英国，按照资助他中亚之行的印度政府和大英博物馆、印度事务部之间签署的分配方案，写本部分，凡汉文、粟特文、突厥文、回鹘文材料，归大英博物馆保存；凡于阗文、龟兹文、藏文材料，归印度事务部保存；梵文写本，用佉卢文书写者归大英博物馆，用婆罗谜文书写者归印度事务部。其他如木版画、木雕、绢画、刺绣、陶器、钱币等，由印度新德里中亚古物博物馆和大英博物馆平分。但是实际上，大英博物馆尽取精华，印度博物馆留存的则无足轻重。至 1972 年，原入藏于大英博物馆东方印本与写本部的斯坦因所获文献，全部转归新建的英国伦敦大英图书馆收藏。根据近年来的统计、调查，英国所藏敦煌遗书为 16 000 号卷左右。

斯坦因所获敦煌藏经洞出土的绢本和纸本绘画，就达 240 多幅。其中《引路菩萨图》《炽盛光佛并五星图》等更是不可多得的珍品。

◇ 《妙法莲华经（卷第三）》（局部），英国大英图书馆藏

　　《引路菩萨图》系唐代作品，绢本设色，浅褐底色，画面华丽，至今保持着鲜艳的色彩。画面右上角书"引路菩"三字，这是藏经洞所遗绘画中唯一带有题字标明内容的佛画，十分罕见。引路菩萨即导引亡者前往净土的菩萨，此画描绘菩萨为亡灵引路升天极乐世界的场面。画面左上角绘红色彩云，云中绘宫殿，表示净土世界。菩萨面相丰满，身着色彩缤纷的璎珞天衣，右手执香炉，左手持莲花，莲茎上挂引路幡。脚踩白莲，半侧身略回首，仪态庄严。其身后盛装贵妇为亡者生前的形象，画者将菩萨身后的贵妇绘得较小，显现出菩萨的庄严和伟大。贵妇体态丰腴，蛾眉樱唇，金饰博髻，神态安详地随菩萨前往净土。此贵妇的服饰发型乃至脸部刻画，为典型的盛唐时期流行的妇女装饰，与唐代周昉的名画《簪花仕女图》中的妇女形象极为相似，可以互相印证。

　　《炽盛光佛并五星图》画面上方书有楷书题记"炽盛光佛并五星，神乾宁四年正月八日，弟子张淮兴画表庆光"。此图主要由主尊炽盛光佛和五星组成，炽盛光佛亦称金轮佛顶尊，佛身放射着炽盛之光芒，能号令日月星宿，象征威力无穷。图画描绘的是五彩祥云中，炽盛光佛在空中乘坐二轮牛车，五星追随其周围，五星分别是外道、女子（2人）、婆罗门、女官等形象，写实生动。炽盛光佛头顶上方绘华丽的彩色华盖，火焰纹随风向右飘去，极富动感。面部和身躯当时是金色的，留有经过再次涂抹的痕迹，令人想象当年流光溢彩的画面。乾宁四年就是公

◇ 《引路菩萨图》，英国大英博物馆藏

◇ 《炽盛光佛并五星图》，英国大英博物馆藏

元897年，此图不仅有纪年，而且以主题和画面来说可谓是佛教美术品中的上乘之作。

当中国的知识界得知发生在西部的文化宝藏被劫的事情，有识之士纷纷提出抗议，在报纸上发表文章，要求取消斯坦因的签证，将他驱逐出境。迫于舆论压力，当时的中国政府规定：外国考古队来华考察，必须有中国考古学家参加并共同领队；还必须有中国雇员，所发掘出的物品也不得携带到中国境外。这些规定限制了斯坦因的行动自由，使他的1930年第四次中亚考察进入中国的计划难以得逞，最终中国政府拒绝给他签证，并严禁任何考察活动。斯坦因狼狈不堪，灰溜溜地退出中国。

二

步斯坦因后尘来到敦煌的是法国汉学家保罗·伯希和。1906 年 6 月 17 日，伯希和率领的三人探险队离开巴黎，经由俄国，于同年 8 月来到我国喀什。在乌鲁木齐停留期间，他们听说了敦煌莫高窟藏经洞发现珍贵经卷文献的传闻；后又在很偶然的一次会面中，从清朝一官员那里，看到了一份据说是来自敦煌的手稿。一经辨认，伯希和就认出了这是 8 世纪以前的东西，于是他放弃了考察吐鲁番的计划，急匆匆地离开乌鲁木齐，率队日夜兼程直奔敦煌。

1908 年 2 月 25 日，伯希和一行来到苍凉的鸣沙山下，终于到达敦煌莫高窟。伯希和能讲流利的汉语，这使他更便于接近王道士。经过一个月的努力，他终于被引进密室。当他看到那些卷帙浩繁的写本时，也像斯坦因一样，"简直惊得呆若木鸡"。伯希和在其《敦煌石室访书记》中记载："（1908 年）三月三日清晨，入此局秘千年之宝库。发露迄今，已逾八载，往来搜索，实繁有徒，藏弃之数，意必大减。迫入洞扉，令人惊愕！洞之三隅，积累之深达二迈当又五十，高过人身。卷本二三大堆，至巨大之藏文写本，则与版挟之，堆置洞隅。"他粗略估计藏经洞的写本有 15 000—20 000 件，他知道这些写本的分量及学术价值，于是决心把这些写本卷子全部翻检一遍。

伯希和在昏暗的藏经洞内整整工作了三个星期，不知疲倦，经过每天大约 1 000 份的紧张挑选后，基本上将藏经洞留存的遗书全部检阅一遍。随队测绘师瓦扬后来回忆当时的情形说："他的外套里塞满了他最喜欢的手稿……容光焕发，喜气洋洋。"据伯希和自称，他不但接触了每一件手稿，而且还翻阅了每一张纸片，没有遗漏任何一件重要东西。

◇ 《降魔变》，法国国家图书馆藏

伯希和凭借他精通汉文和关于中国及中亚历史文献的丰富知识，以内行的眼光挑拣出来一批他认为最具价值的文献，重点选取佛教大藏经未收的佛教文献、带有纪年的文献和文书、非汉语文献，均为精华。虽然斯坦因比伯希和捷足先登，早一年到达敦煌，但由于斯坦因不懂汉文，更不如伯希和有深厚的汉学功底，而且没能进入藏经洞亲自挑选，因此所获得的并不全是精品。伯希和挑选的则多为遗书中的精品，尤其许多为有纪年的卷子，据统计，在伯希和原来自编的 2 700 号目录中，标有纪年的卷子就有 515 件。而斯坦因所获取的 10 000 余号卷子，有纪年的卷子为 344 件；北京图书馆所藏敦煌遗书 16 000 多号卷子中，有纪年的仅为几十件。此外，伯希和所挑选的卷子，许多是与社会政治经济有关的世俗文书。因此，伯希和所获取的这部分遗书的史料和研究价值最高。

当挑选工作结束后，伯希和多次与王道士密谈，在他保证保守秘密的前提下，以 50 两银子一捆的价钱，仅仅付给王道士 500 两白银（约 90 镑），就做成了这笔交易。

踌躇满志的伯希和终于得到了他梦

◇ 唐开元经生许子颙写《阅紫录仪》（局部），法国国家图书馆藏

寐以求的藏经洞遗书中的精品。5 月 30 日，他将挑选出的 6 000 余卷精品装满 10 余个大木箱，继斯坦因之后，用大车再一次浩浩荡荡地运出敦煌。途经西安并停留了一个月，再经郑州，于同年 10 月，伯希和一行到达北京。他此时对获自敦煌的经卷文书及美术品闭口不谈，偷偷地把它们全部装船，运出了中国的国门。

当伯希和把这些敦煌宝藏中的菁华辗转运回法国后，中国的珍贵宝藏就这样成为法国有关机构的收藏品，其中经卷、文书被法国国家图书馆所收藏，美术品则被卢浮宫博物馆收藏，后归吉美博物馆。

三

为了了解敦煌藏经洞遗书流散海外的情况，我曾赴英国、法国、俄罗斯和日本等国的相关收藏机构调查。据了解，估计从敦煌先后流散海外的遗书达 40 000 号卷，还有大量的壁画、塑像、唐宋绢画及其

他文物珍品。

现在，这批敦煌宝藏分散在数十个外国机构中，只有小部分劫余留在国内。自1900年藏经洞被发现至今，100多年来，在各国敦煌学研究者的共同努力下，现保存在世界各地的敦煌遗书（包括敦煌藏经洞出土的各类其他文物）的概况已大致清楚。迄今敦煌遗书在国外的收藏情况，大致还保持着当初被掠走时形成的格局。英国、法国、俄国（俄罗斯）、日本是敦煌遗书的主要收藏地。英国的原来收藏于伦敦的大英博物馆（约16 000号卷），1972年后移交到了新建的大英图书馆。法国的主要收藏于巴黎的法国国家图书馆（约6 000号卷）。此外，1909年当伯希和所获的敦煌遗书和文物运到巴黎后，其中有220余幅绘画、21件木雕及其他美术品入藏卢浮宫博物馆。1947年，吉美博物馆改组为法国博物馆的亚洲艺术部，收藏于卢浮宫博物馆的所有伯希和所获美术品全部移归吉美博物馆。伯希和所获敦煌绘画等美术精品，现在大都陈列于该馆建成的三个展览室内。俄国的主要收藏于今圣彼得堡的俄罗斯科学院东方学研究所圣彼得堡分所和艾尔米塔什博物馆（约19 000号卷），这里收藏着俄国外交官和考察队历年所获的西域、敦煌、黑城的文献和文物，是世界上敦煌吐鲁番文献和文物的主要收藏地之一，由于迄今大多收藏尚未公布，因此人们知之甚少。收藏在日本的，主要在龙谷大学图书馆、东京国立博物馆东洋馆、京都博物馆和一些私人手中。除这几个主要收藏国外，德国、美国、印度、丹麦、瑞典等国的博物馆、图书馆也有若干收藏。

第三章 ○ 百年分离
天龙山石佛厄难记

2021 年 2 月 11 日晚，正是除夕夜，流失海外近一个世纪的天龙山石佛首，亮相中国中央电视台春节联欢晚会，与全国人民共迎新春、欢庆团圆。

此前，2020 年 9 月，国家文物局监测发现，日本东瀛拍卖株式会社拟于东京拍卖一尊天龙山石雕佛头，国家文物局启动追索机制，要求终止拍卖，拍卖行配合撤拍决定，后经有关方面交涉以及东瀛拍卖株式会社董事长、旅日华侨张荣洽购后无偿捐赠给国家，这尊石佛首终于在历经近百年岁月后回归祖国。经实物鉴定和历史旧照对比，确认石佛首源自天龙山石窟第 8 窟北壁佛龛主尊佛像。

一

天龙山石窟位于山西太原西南 40 公里处的天龙山群山之中，开凿于北朝东魏至隋唐时期，前后历经 300 余年，各窟的开凿年代不一，以唐代为多。共开凿石窟 27 座，现存 25 座石窟遗址，分布在东西两峰山崖之间，绵延达 1 公里有余，是中原地区代表性的佛教石窟。

据不完全统计，天龙山石窟原有大小佛像1 500余尊，浮雕、藻井、壁画1 141尊（幅）。这些佛像以其精湛的雕刻技艺、细腻的表现手法、鲜明的时代特色成为中国古代雕塑艺术的典范。第2窟、第3窟为东魏时期始凿，佛像面目清秀，身材单薄，呈现"褒衣博带，秀骨清像"的时代风格，具有超凡脱俗的意境之美。北齐时期佛像则一改前朝样式，体态雄健而有力度，宽肩细腰、佛衣贴体，强调整体的动感和韵律感，自成一格。至隋代，造像更为精彩，如备受赞誉的第8窟，被盗割后回归祖国的佛首就出自此窟。该窟前廊有隋开皇四年（584）开凿造像的题记碑，记载了晋王杨广开皇四年出任并州总管时，属吏刘瑞为其祈福而开凿，是石窟建造年代的重要史证。该窟佛像延续北齐造像风格，但线条刻画趋于柔和丰润，是唐代丰满圆润风格的前驱。天龙山石窟在唐代迎来开凿的高峰，总共27个石窟里有19个是在唐代开凿的，其中第21窟可称为天龙山唐代石

◇ 天龙山石窟第8窟佛首，现藏于天龙山石窟博物馆

◇ 天龙山石窟从东峰眺望西峰

（图源：山中商会"中国朝鲜古美术展观"）

◇ 天龙山石窟第 18 窟后壁五尊石佛

窟中最为优秀的作品，在技法上体现出大幅度的进步，造像趋于汉化的塑像风格，西域犍陀罗艺术的影子已不复存在。

天龙山石窟的开凿终结于武则天时代，天龙山现存最大的弥勒佛造像即是那时雕凿的。自武则天以后，曾经兴旺一时的天龙山逐渐被冷落，隐身山野之中，不为外人所知。至清朝末年，其名声早已被山脚下的晋祠所取代。

天龙山石窟 300 多年的辉煌历史，生动地记载了天龙山石窟艺术由北朝到隋唐逐步演进的过程，给世人留下了数以千百计的造像名品，成为中华民族一份宝贵的文化遗产。

二

光阴荏苒，在沉寂了 1 000 多年后，到了 20 世纪初，一批日本学者来华进行访古调查。1918 年东京帝国大学建筑学家关野贞赴我国华北地区考察古建筑遗址，他借助《太原县志》等文献，于 6 月 30 日到达天龙山圣寿寺，在寺僧的引导下，寻访到早已被人遗忘的天龙山石窟遗址。据《关野贞日记》记载，他原定当天下山，由于被精美的石窟造像所吸引，决定留宿山寺，第二天对东西两峰主要石窟做了初步考察和拍摄。他回到日本后，于 1921 年在日本著名美术杂志《国华》第 375 号上发表了调查报告《天龙山石窟》。他撰写道："大正七年（1918），我在中国云游期间，探访了天龙山。天龙山曾长期不为世人所知，由于有人在此处发现了北齐、隋唐时期的石窟，并将其公之于世，天龙山才突然引起世界的瞩目，引起海内外许多学者的探访。"并且指出："天龙山石窟与他处不同，不仅是北齐及隋代石窟的完整遗存，也拥有初唐时代最为精美的雕刻作品，这在全中国也是独一无二的。"由此，在学界和社会上引起轰动。日本和其他一些国家的学者和各色人等也纷至沓来，如木下杢太郎、常盘大定、田中俊逸，以及瑞典人喜龙仁等。

1922 年，佛教学者田中俊逸与北京东华照相器材商店店主外村太治郎，以及《顺天时报》照相技师平田饶三人，从北京出发来到天龙山，对石窟及其造像进行了详细的调查、拍摄和记录，之后出版了大型图集《天龙山石窟》，收录图片 80 幅，每幅有中英文标记，记录了石窟被破坏前的原始面貌。春晚亮相的流失佛首，就是依据这一历史图集被确定为天龙山第 8 窟北壁主尊佛像的被盗佛首。

瑞典艺术史学家喜龙仁多次来华考察天龙山石窟，于 1925 年出版了《5—14 世纪的中国雕刻》巨著，受到国际瞩目，天龙山石窟以其极高的历史价值与艺术价值备受推崇。

随着天龙山石窟的再发现，天龙山石窟佛像很快成为文物走私的目标，遭遇了被切割盗走的命运，流入国际艺术品市场，其中尤以日本山中商会为害最大。

20 世纪上半叶，日本的山中商会是外国人开设在中国境内的最大古董买卖机构，该商会在中国的活动长达 30 余年，向日本和西方大规模地贩卖中国的文物艺术品。山中商会的灵魂人物是一代古董巨擘山中定次郎，在其精心策划和强力运作下，成千上万的中国文物艺术品像潮水一般流向海外，包括天龙山石窟佛像。

1894 年，29 岁的山中定次郎赴美国开拓市场，先后在纽约、波士顿、芝加哥开设古董店。1904 年在伦敦开设分店，1905 年在巴黎开设代理店。其间，他在西方结识了一批高端客户，包括著名大富豪和博物馆高层人员等，为开辟西方市场做了周密的布局，成为他们的东亚文物艺术品供应商。

1912 年 3 月，山中定次郎在友人介绍下，来到北京恭王府，通过小恭亲王溥伟购走了恭王府除字画外的青铜器、陶瓷、玉器、翡翠等全部旧藏，这是一笔获利极其丰厚的"生意"，给山中定次郎带来了一生中最大的辉煌，同时也奠定了山中商会成为世界级的中国文物艺术品交易商的地位。1917 年，山中商会在北京东城麻线胡同三号正式设立了北京办事处，作为山中商会向海外贩卖中国文物艺术品的据点和中转站。

◇ 第 8 窟北壁佛龛内主尊佛像（图源：1922 年出版的《天龙山石窟》图版）

◇ 恭亲王府正殿前留影（右三：山中定次郎，
　右上：小恭亲王溥伟像）

根据我的调查统计，山中商会在日本和西方举行的中国文物艺术品拍卖会、展销会，有案可查的就超过 60 次，展品在 10 000 件以上。现藏于世界各大博物馆的中国文物珍品以及天龙山石佛，不少来自山中商会。根据现有的调查数据，1927 年前后流失海外的天龙山造像名品，大多是由山中商会在背后操作，盗凿倒卖的。

山中定次郎在其自撰的《山西省天龙山佛迹石窟踏查记》一文中记述，他在 1924 年 6 月和 1926 年 10 月两次亲自登临"考察"天龙山石窟，他在自序中写道：

我素来醉心于佛教艺术，深感其崇高秀丽，玄妙壮美。在大正十三年（1924）6 月，为了探求未知的佛教艺术，我踏上旅途，去探访保存了中国佛教艺术黄金时期——北齐至隋唐时代的众多名作的天龙山石窟。众所周知，天龙山石窟内佛龛、佛像等雕刻作品众多，实为佛教艺术的一大圣殿，对此敬仰已久的我，身临其境时也充满了惊讶与喜悦之情。怀着敬畏之心，我用手电筒多次查看了石窟中的各个角落，生怕漏掉一丝细节，我所感到的震撼，绝不是纸笔所能描述的。其后，由于无法压抑的仰慕之情，我于昭和元年（1926）10 月，又探访了此地。这第二次探访天龙山石窟的经历，好像会见了失散多年的老友，让人雀跃不已。当我再次走进追忆已久的石窟与寺院，见到整然肃立的列佛，他们都与记忆中的样子分毫不差，好像在迎接我的再次到来。然而，细看佛像，我发现有几具曾经完整的塑像已经失去了头部，应该是被什么人凿下来的，令我感到十分惋惜。在那个瞬间，我仿佛觉得失去了一位老友。同时，对于那些胆敢毁坏如此名作的偷盗者们，我也很难抑制憎恨的情绪。虽然怀着极度失落之情，我还是坚持细细看了好几处石窟，希望能找到滚落在角落的消失的佛头。结果，只能一边惋惜，一边离开了这里。可能是我寻找佛头的虔诚感动了佛祖，后来，从东西各处的遥远场所，我发现了许多萦绕心中、久久不能忘怀的佛头，这真是无上之喜。每当偶遇一尊佛首，我都像发现了宝藏一样地惊喜万分。经年累月，我所收集到的精美佛头已经多达数十尊。为此，我感到甚为欣慰。

　　序文中，山中定次郎将自己标榜成天龙山石佛的保护者，一副"极度失落"、无比"憎恨"的样子，"只能一边惋惜，一边离开了这里"，事实果真是这样的吗？ 1928 年山中商会限量出版的《天龙山石佛集》一书泄露了天机，山中定次郎把两次在天龙山的经历以日记的形式记录在此书中，他在日志里这样写道："大正十一年（1922），当我第一次看到天龙山的照片，就被那里的石窟和造像深深地吸引住了，时隔两年后的今天，我终于跨越万里，来到了天龙山。这里珍藏了北齐到隋唐时代中国佛教艺术最鼎盛时期的辉煌，它们给予我的惊讶和喜悦，无法用语言表达。""我终于用手中的真金白银说服了净亮僧人，他同意让我带走一部分造像的头部，这不禁让我异常兴奋，每当我带着工匠进入一个石窟，凿下一个佛首，那种喜悦，超过了得到黄金万两。"

　　这段日志中出现了一个叫净亮僧人的重要人物，他是天龙山下圣寿寺的住持。圣寿寺建造在天龙山上下石窟群的必经之路上，山中定次郎一行经过考察，发现天龙山地势陡峭崎岖，如果要成功运走佛像，没有圣寿寺的帮助和作为中转站是很难达到目的的。于是，山中定次郎找到了净亮和尚，以金钱收买，在净亮和尚的配合下，对照关野贞等人发表的照片中的名品，按图索骥盗凿天龙山石窟佛像、佛首，然后用畜力车运出天龙山。

山中商会在天龙山石窟得手后，1928 年 11 月 25 日至 27 日，在大阪美术俱乐部举办的"中国古陶金石展观"销售会展上，将 45 件天龙山佛首与其他文物美术品一起对外展销。

山中商会此次举行的展销会，一次展销 45 件天龙山佛首，自称"宛然有彼国天龙山石窟搬移至此之观"，规模庞大，可谓空前绝后。此后，1932 年 11 月，山中商会在东京上野公园举办"世界古美术展观"会，展品中出现来自天龙山石窟的 4 尊造像，其中出自天龙山石窟第 21 窟的唐观音和两身胁侍菩萨，即 3 尊菩萨像，标价 15 万日元。如今这 3 尊菩萨像已不再是完整一体，而是身首异处，被收藏在世界各处。据山中定次郎撰文所述，1926 年他考察天龙山石窟第 21 窟，亲眼所见窟内多座菩萨合体像而推崇备至。一转身，这些菩萨像出现在上野公园的展销会上，至于 3 尊菩萨像是怎么获得的，山中定次郎没有透露更多的细节。

1934 年 5 月 25 日至 29 日，山中商会又在东京上野公园举办"中国朝鲜古美术展观"会，并印制了销售图录。从图录中可知，此次展销会展品以中国文物为主，另有一部分朝鲜金石、陶瓷、石塔灯笼等。中国文物以先秦古铜器、古玉器，石佛造像，汉唐至明清陶瓷为主，总数达 1 700 多件。展品 351 号至 414 号，是包括云冈、龙门、天龙山诸石窟在内的石刻造像共 63 件，其中天龙山石佛造像 17 件。天龙山石佛造像是这次展销会的一大重点，因此还特

◇ 山中定次郎与净亮和尚等人合影

（中排右二：山中定次郎，左二：净亮和尚）

◇ 山中商会雇用的畜力运输车

◇ 天龙山西峰第 12 窟前留影

（左一：山中定次郎）

◇ 攀爬天龙山西峰第 17 窟

地在图录"天龙山石窟"开篇处配了两幅大照片，一幅是"天龙山全景"，另一幅是"从东峰西端隋窟前眺望西峰"。

1933 年 11 月，国民政府古物保管委员会北平分会派员赴天龙山进行调查，撰写了《天龙山石窟佛像调查报告》一文，内容有天龙山石窟东西二区各洞石佛被盗、受损的数目和状况。1935 年古物保管委员会发表了《追究盗卖山西天龙山北齐石刻之始末》通告：

> 嗣据报告谓，查天龙山北朝石刻造像，共分东西两区。东区各洞原有大小佛像，上下各层，悉数被毁，或身完首失，或全体残碎。洞顶云龙仙女，亦悉无存，洞外石窟原有碑刻，亦大半经人凿取仅遗空穴。西区各洞，除最大坐像，仅遭瞳目，未损头身，余者亦皆被毁坏。综观各像被毁之处，凿痕极新，碎片石屑，散布满洞，决为最近所为，断非旧迹。又查造像所在，位于天龙山之后山巅，登陟艰难，石刻坚重，断非一手一足所能盗鬻，亦非一朝一夕能为功，且运送下山必经寺门，山静人稀察觉甚易。寺中原有僧人净亮、普彼二人，及太原县派驻天龙山警察二名，常川驻内，倘非同谋盗运，则截留禁止，只须举手之劳。复查天龙寺殿前置巨大佛头一枚，据称系被盗后于山洞所拾取，则造像被盗之事，为寺人所熟知。前后参详，此项石刻之盗鬻私售，寺中僧人、驻警实有伙同勾串嫌疑，该管县政府亦难辞放任疏忽之责。

可见，当局主管部门已察觉天龙山石窟造像被盗运之事，与寺中僧人、驻警脱不了干系，有伙同勾结的嫌疑，并且要追究县政府的责任，对此后天龙山石佛造像的流失起到了警示和遏制作用。

2020 年 6 月，香港苏富比公司举行的"博古五千"文物拍卖会上，一尊大型砂岩石菩萨立像估价 15 万至 25 万港元，结果以 231.25 万港元成交，成为令人注目的高价拍品。我检索"中国朝鲜古美术展观"图录，发现该拍品原来是图录中的第 381 号展品，标记为"三八一，唐砂岩

◇ 山中商会"世界古美术展观"现场展销的天龙山石佛（1932 年东京上野公园）

石立佛像，天龙山，高三尺六寸"。该造像高肉髻，面容饱满，着长裙，衣饰线条流畅，项圈上悬坠装饰有一串长璎珞，相交于腹前，并饰有宝相花，虽然缺失右手和左臂，但仍不失为唐代佛教造像中的名品佳作。

另一件图录中编号为 377 号的天龙山唐砂岩石观音坐像（现名如来倚坐像），高二尺八寸，虽然缺失佛首和右手腕，但它那比例准确的身躯，以及波纹似的优美的袈裟，给人以深刻的印象。在 1934 年的"中国朝鲜古美术展观"会上，这件观音坐像售出 7 000 日元的高价，山中商会赚得满盆满钵。东京国立博物馆东洋馆一层的展馆共展出 5 件天龙山石窟石佛，这件观音坐像现收藏在东京国立博物馆里，被定为日本"重要文化财"。

◇ 天龙山石窟唐砂岩石菩萨立像，
2020 年 6 月香港苏富比拍品

◇ 天龙山石窟唐砂岩石如来倚坐像，
现藏于日本东京国立博物馆

1939 年 3 月，山中商会在东京上野公园举办了"东洋古美术展观"展销会，又展出数尊天龙山石窟造像。其中一对编号为 12 号的隋砂岩金刚力士像，几近完整，造型写实传神，达到了形神兼备的极高艺术水准，属于十分少见的佛像艺术珍品。这对金刚力士像的来龙去脉非常清楚，曾是天龙山第 8 窟门边叉腿站立的两个阿形、吽形的金刚力士像，被山中商会贩运到日本。

三

山中商会除了在日本国内倒卖天龙山石窟佛像，还不远万里倒卖到欧美诸国，如纽约大都会艺术博物馆收藏的天龙山石窟第 21 窟唐砂岩石菩萨头像，馆藏档案记载其来源：洛克菲勒二世夫人购自山中商会，1942 年捐赠给纽约大都会艺术博物馆。西雅图艺术博物馆收藏的唐天龙山菩萨立像（残），馆藏档案记载其来源：富勒（馆长）1931 年购自山中商会，2 500 美元。1934

◇ 天龙山石窟隋砂岩石金刚力士像，
现藏于日本京都藤井有邻馆

年与山中商会交换一尊天龙山佛像，之后山中商会又以750美元再次售与富勒。哈佛大学福格艺术博物馆收藏有多件天龙山石窟造像，它们来自艺术品收藏家和慈善家温索普的遗赠，馆藏档案资料显示，温索普在1931年和1936年间从纽约山中商会购买了这批天龙山石佛造像，并于1943年去世后赠给哈佛大学福格艺术博物馆。美国弗利尔美术馆也曾从山中商会购入三尊天龙山石窟造像。大英博物馆收藏有一尊唐菩萨头像，原位于天龙山石窟第14窟。

第四章 ◯ 海外遗珍
被拍卖的皇家宝藏

中国古代书画是中华民族珍贵文物的构成之一，在漫长的艺术历史长河中，古代的书画家们曾创作了大量的优秀作品。令人遗憾的是，迨至清末民初，政局不稳，国势渐衰，一些收藏世家家道中衰，加上破落的王公贵族变卖家藏书画，造成许多书画外流。古玩商行中专门做"洋庄"生意的公司趁机兴起，以及外国在华古董商行的投机贩卖，致使大量珍贵书画名品流失海外市场，欧美及日本博物馆收藏的中国古代书画大半是这一时期所获的猎物。

2017 年 3 月 15 日，纽约佳士得推出"宗器宝绘——藤田美术馆藏中国古代艺术珍品"专场，这个专场拍卖会包含有日本藤田美术馆珍藏的 6 卷宋元时期的重要书画，它们是赵令穰的《鹅群图》、王冕的《雪梅图》、赵孟𫖯的《洗马图》、陈容的《六龙图》、李公麟的《便桥会盟图》、韩幹的《马性图》。据画卷上的藏家钤印和皇室珍藏目录《石渠宝笈》记录，这 6 卷画曾为乾隆皇帝所有，它们每一件都是脍炙人口的艺术精品，因此备受关注。

　　如上所述，此 6 卷唐、宋、元诸家名画在清朝原属于乾隆的收藏。到了清末颁赐进入醇王府，分别为爱新觉罗·奕譞、爱新觉罗·载沣所有。载沣是奕譞第五子，光绪帝载湉异母弟，宣统帝溥仪生父，于宣统年间任监国摄政王。因此，清朝的最后三年（1909—1911），他是中国实际的统治者。宣统三年（1911），辛亥革命爆发，次年他被迫引咎辞职，并宣布溥仪退位。清帝退位后载沣以醇亲王退归府邸。虽然各亲王家依皇室优待条例，"世爵"被保留下来，但是对于"王俸"的持续发放却做不到，实际上，"俸银"和"禄米"都逐渐被取消，固定收入来源被断绝。王公们为了维持奢侈的生活，开始变卖家产，除了出售封地之外，还把王府收藏的历代古董字画等，或作为抵押，或逐渐卖掉。1915 年，醇王府管事（即大管事张文治）代替主人将著录于《石渠宝笈》初、续篇传为唐、宋、元的 6 卷古画卖给日本的山中商会，并立下字据。

◇ 山中商会书画买卖字据

山中商会得手后，将此 6 卷名画转手售与大阪的藤田家族。藤田家族是日本近代史上重要的实业家，并且以收藏中国古美术品闻名日本。1954 年藤田传三郎男爵创立了藤田美术馆，这是日本颇负盛名的私人博物馆之一。我曾经赴大阪藤田美术馆参观调查，据资料介绍，该美术馆珍藏有 2 000 多件日本及中国艺术品，其中包括极为珍罕的这 6 卷中国古代名画。该馆藏品中有 9 件被列为日本国宝，52 件被列为"重要文化财"。近年来，

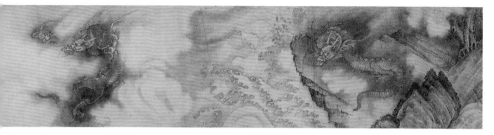

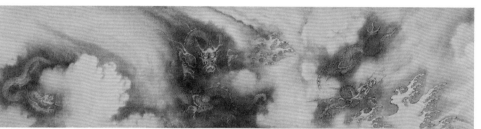

◇ 陈容《六龙图》

藤田美术馆因资金紧张而经营困难，为了救急以及筹建新馆，藤田美术馆只好忍痛割爱，将一部分藏品委托给佳士得拍卖。

二

在"宗器宝绘——藤田美术馆藏中国古代艺术珍品"专场拍卖会上，陈容的《六龙图》最终以 4 350 万美元落槌，加上买家佣金，以 4 896.75 万美元成交，约合人民币 3.38 亿元，创造了当时中国艺术品拍卖新的世界纪录。

陈容为南宋端平二年（1235）进士，做过福建莆田太守，官至朝散大夫。以画龙著称，是南宋名重一时的著名画家。文献记载其才气过人，诗文豪壮，为官余游翰墨。宋末元初的庄肃谓陈容"善画水龙，得变化隐显之状，罕作具体，多写龙头"，元人汤垕称其"得变化之意，泼墨成云，嗽水成雾，醉余大叫，脱巾濡墨，信手涂抹，然后以笔成之"。此语历来为评论陈容画者引用最多者，刻画出一个潇洒如魏晋名士的形象。

陈容画龙世传谓"所翁龙"，成为后人画龙的典范，备受元明清以来画家的追捧，传世作品有《魔龙图》《云龙图》《六龙图》《九龙图》等。在日本，几百年来凡有龙纹的画作亦绝大部分仿效陈容。日本著名画家小泉淳作曾推崇备至地评价道：陈容的龙富有魅力，像真的一样活泼跳动，只有天才才会画出这样的龙。

《六龙图》为水墨纸本，手卷，画幅纵 34.3 厘米，横 440.7 厘米。此画纯以水墨表现出龙之变化隐显状，画面描绘 6 条矫健灵巧的威猛巨龙在云雾和巨浪中极尽腾挪之态，或飞或倚或卧或立，劲势疾风追逐嬉戏于云水之间，展现出凌驾于九重天之际的磅礴气势。一龙利爪紧抓岩石，匍匐在岩石上蓄势待发；二龙从岩石上飞跃而起，须目偾张，四爪奋起凌驾于巨浪之上；三龙怒目圆睁，对视二龙，云气缭绕全身，在巨浪中翻腾；四龙为正面龙，躯尾时隐时现，似在弥漫的云海中遨游；五龙龙口大开，利爪奋攫，腾飞于云水之间；六龙俯卧于山石之下，做休憩状。整幅画作以粗劲的线条，勾出龙的外形，龙与龙之间的构图虚实相生。运笔迅捷，以浓淡墨色晕染，墨色淋漓，干湿互用不带笔痕，六龙迥异之状跃然卷上。

《六龙图》被乾隆皇帝的《石渠宝笈》记载为陈容（上等），评为水准极高的重要作品。在这幅传世名迹中，共钤有 50 余方印章以及南宋理宗皇帝等的题跋。其中，陈容本人自题诗一首，且在文尾处留有陈容号"所翁"一印：

天工不停手，戏弄五轮指。鼓阗阗，呼鸿濛，急钩招摇遣风使。
帝敕直下冯夷宫，水客波臣那敢怒。揪揪赤帝持□锵，斗文腥血清钩光。
须臾欻歇出游戏，八表骇□雌雄翔。赤水玄珠工簸弄，怒奴逬突双眼眶。
风云出没在方寸，宇宙不敢收豪芒。铁山欲裂海水黑，冰鳞雪甲凌高冈。
曹刘虎眎嗜汉鼎，食槽诸马窥长江。隆中老子莫轻出，丈夫以此观行藏。

到了清代，《六龙图》进入御书房，属于乾隆的收藏。乾隆对于
这幅《六龙图》非常喜爱，在此画的中央写下御题七言诗。

目前所知，海内外所藏款署为陈容的画龙作品共有 22 件，其中，
中国大陆及台湾地区共 11 件，海外 11 件。

赵令穰的《鹅群图》为设色绢本，手卷，《石渠宝笈》记载为赵
令穰（上等），尺寸为纵 32.6 厘米，横 93.1 厘米。赵令穰为北宋画家，
是赵宋宗室。他擅绘平远小景，善画汀渚水禽、坡湖烟林，风格清丽多姿，
有出尘脱俗之雅趣，为时人所器重。此画描写水村湖泊，白鹅游弋其中，
宁静而极有情致，是画家极精的代表画作。

◇ 赵令穰《鹅群图》

◇ 赵孟頫《洗马图》（局部）

　　王冕的《雪梅图》为水墨纸本，手卷，尺寸为纵 29.7 厘米，横 298.9 厘米。王冕是元代墨梅的代表性画家。《雪梅图》画梅树枝干丫杈，梅花疏密聚散，雪花飘零于花瓣上，暗香浮动，极富清冷之意境，故诗曰："遥知不是雪，为有暗香来。"

　　赵孟頫的《洗马图》为设色绢本，手卷，《石渠宝笈》记载为赵孟頫（次等），尺寸为纵 37.9 厘米，横 309.4 厘米。赵孟頫是宋宗室，宋亡后出仕元朝，诗书画俱精，绘画山水、人物、花鸟皆擅长，名满天下，为元代最富成就的画家。《洗马图》中马的造型丰肌俊美，笔法精谨，具唐人古朴遗意。故董其昌评说："赵吴兴画马，直与韩、曹抗衡。"

　　李公麟的《便桥会盟图》为水墨纸本，手卷，《石渠宝笈》记载

◇ 李公麟《便桥会盟图》

为李公麟（上等），尺寸为纵 26.4 厘米，横 895.4 厘米。李公麟为北宋画家，人物、佛道、鞍马、山水、花鸟等无一不精。尤其对不同民族、地区人物的特征描绘，准确而生动。他发展了单纯以线条勾勒塑造形象的白描形式，别具一格，成为一代人物画、鞍马画的大师。《便桥会盟图》描绘的是突厥士兵向唐太宗李世民求和的场景，在传神的笔触之下，双方行军的队伍相向而来，营造出强烈的会盟气氛，是画家特别着重现实观察，采用白描勾勒而成的上等佳作。

韩幹的《马性图》为设色绢本，手卷，《石渠宝笈》记载为韩幹（上等），尺寸为纵 31.9 厘米，横 38.4 厘米。韩幹为盛唐时期画家，宫廷画师，以画马而驰名。他注重写生，常常出入御马厩，细心观察马的习性，因此所画名驹被画史推为"古今独步"。存世作品有《照夜白图》《牧马图》《马性图》等。

根据国际拍卖行的惯例，拍卖行有为买家保密信息的义务，6 卷中国古代名画花落谁家，目前还不得而知。皇家宝藏星散四方，令人唏嘘。

◇ 韩幹《马性图》

第五章 ◯ 流离失所
三学寺石狮与唐鸿胪井刻石之劫

中日两国一衣带水，两国人民曾经有两千多年友好往来的历史，然而当历史的脚步来到 19—20 世纪中叶时，一衣带水之间泛起了滔天浊浪，近代日本不但发动对华战争，并且大肆掠夺中国文物，致使大量中国文物流失海外至今，造成了中国文化遗产的巨大损失。

——

在日本东京都千代田区九段的靖国神社第一大鸟居（牌坊类建筑）旁，蹲踞着一对两米多高的中国石狮子。这对石狮子雄左雌右，雄狮子脚下抓有绣球，呈嬉戏之状，雌狮子则左脚及背上各有一只玩耍的小狮子，雕刻精美，其神态惟妙惟肖，栩栩如生，具有很高的艺术和历史价值。雌狮子底座刻有"直隶保定府深州城东北得朝村弟子李永成敬献石狮一对"。雄狮子底座刻"大清光绪二年闰五月初六日敬立"字样，清光绪二年为 1876 年，底座上所镌刻的文字明确无误地表明它是中国的历史文物。

这对中国石狮子是在哪一年又是怎样被掠运到日本的呢？

◇ 大鸟居门旁的辽宁海城三学寺石狮

　　原来这对石狮子原址在辽宁海城三学寺，三学寺相传建于唐代，据《海城县志》记载："城内西南隅，相传为唐代古刹。"又载："中有唐、明两代碑。相传唐将尉迟恭监修。"明代宣德十年（1435）重修。三学寺历史悠久，在东北地区享有崇高地位，现为辽宁省文物保护单位。

　　1894年中日甲午战事爆发，日军侵占了海城，三学寺被用作日军野战医院，战争结束后，时任野战医院总监的石黑忠直军医在拜访时任司令官山县有朋大将时，特意提及这对令他垂涎已久的石狮子之生动，山县有朋遂下令："既如此，务必运（石狮）至日本供陛下睿览。"随后，经石黑总监、奥保中将和山县有朋直接参与和策划，于1895年终将包括这对石狮子在内的3尊石狮子漂洋过海掠运抵东京皇宫，奉献给明治天皇。明治天皇又将三学寺这对石狮子"赐给"了靖国神社。另一尊青石雕刻的石狮子"赐给"了山县有朋，现存放在栃木县山县有朋纪念馆。

日本明治年间的出版物，关于掠运石狮子有毫不掩饰的报道。如明治年间发行的《新撰东京·名所图绘》中写道："二十七八年之役在辽东捕获。""军中役夫组成狮子搬运组，打造坚车分运。"把从中国掠夺而来的石狮子称作"在辽东捕获"，得意之情溢于言表，暴露出掠夺成性的本质。

日本关东学院大学邓捷教授指出，中国的《点石斋画报》中对海城三学寺石狮被掠运日本也有明确的记载。1884年（光绪十年）创刊的《点石斋画报》，是近代中国第一份专门刊载时事要闻、社会新闻、市井传言与域外风情的综合性新闻画报。在这本画报的第十二册"石狮失所"中，图文并茂地记录了石狮子流失日本的经过，载文叙述："海城圣人庙前有石狮一对，令见者肃然起敬，所以物以人重。去年倭寇侵占该城以后，偷偷用骡马大车将石狮运至营口，然后送上船偷运至日本，作为贡品送入宫廷。"中日两国的文献相互印证，石狮子被日军偷运到日本的事实非常清楚。

近年中国民间人士和志愿者曾多

◇ 辽宁省海城三学寺，摄于 20 世纪 80 年代

◇ 存放于山县有朋纪念馆的石狮

318 《石狮失所》海城圣人庙前有石狮一对，令见者肃然起敬，所以物以人重，去年倭寇便占谋城以后，偷偷用骡马大车将石狮运至营口，然后送上船偷偷运至日本，作为贡品送入宫中。所说石狮未运走之前，邻县某广文梦见两位自称杜石、居住在海城圣庙前的老人对着他哭诉说、令将永别、沦落远邦，广文甚感奇怪，直至石狮被偷走后才醒悟过来。

◇ 《点石斋画报》报道石狮失所

次致函靖国神社，要求归还海城三学寺石狮，但均未获得回复。2022 年日本民间组织"中国文物返还运动推进会"举行请愿活动，并致函靖国神社，呼吁立即归还中国海城三学寺石狮，终获答复，全文如下：

靖总发第十三号，令和四年七月二十二日，中国文物返还运动推进会殿：

关于中国文物返还相关要求及请愿活动（答复）。

近日贵会通过书信方式要求返还供奉于本神社第一鸟居旁的狛犬（石狮子雕像），但是我们也认识到，本案仅凭靖国神社一己之力难以解决。因此，关于贵会提出的"将狛犬（石狮子雕像）立即返还"的相关要求，我们认为还是有必要对当时的事实经过等再次进行调查，故恳请给我们些许时间。谨此答复，万望体察理解！

这是在中日两国民间人士和志愿者的不懈努力下，靖国神社感到了舆论上的压力，终于第一次做出了答复。虽然多有推诿之词，但毕竟有了答复，我们拭日以待。

二

公元 713 年（唐先天二年、开元元年），朝廷派遣使臣郎将崔诉（一说为崔忻）以鸿胪卿的身份，前往辽东册封靺鞨族的首领大祚荣，关于这次册封大祚荣一事，新、旧《唐书》以及《册府元龟》《资治通鉴》等都有记载，据《旧唐书·渤海靺鞨传》记载："睿宗先天二年，遣郎将崔䜣往册拜祚荣为左骁卫员大将军、渤海郡王。"当时崔䜣持节从唐都长安出发，跋山涉水，到达靺鞨都城（今吉林图们），圆满完成册封使命。翌年春，返京复命途经辽东半岛最南端的旅顺，遂在黄金山下凿井两口，作为纪念。意犹未尽，又把出使之事勒于巨石，作为历史见证，上刻"敕持节宣劳靺鞨使鸿胪卿崔忻井两口永为记验开元二年五月十八日"29字，后人以崔䜣的官职命名为鸿胪井，立石为鸿胪井刻石，亦称鸿胪井碑。

大祚荣接受唐王朝册封以后，渤海成为唐王朝之藩属的地方少数民族政权。此碑刻是唐王朝对渤海册封的实物见证，是渤海隶属于唐代中央政权的象征，具有极高的历史文物价值。举凡谈及渤海的建立和唐对辽东经略的中外著作，无不引用《旧唐书》的记载和此刻石的刻文。正如日本学者酒寄雅志所指出："人们屡屡提到的'唐碑亭'即'鸿胪井碑'，尽管是仅有二十九字的石刻，但其史料价值是不可估量的。"

从唐代立碑以后到清末（1908年之前），鸿胪井刻石一直静卧在旅顺黄金山脚下。中日甲午战争后，清朝当局被迫割让辽东半岛给日本，仅6天后，日本迫于俄、德、法的压力，将辽东半岛归还了清政府。清政府收复失地后，清前任山东登莱青兵备道刘含芳调任旅顺期间，感慨战后满目疮痍，为保护唐鸿胪井刻石，造碑亭覆盖碑石并题字。1896年碑亭建成，碑亭正面的桁上刻楷书"唐碑亭"三字，在一角柱上刻有"奉天金春荣监造"。

1904年到1905年日俄战争期间，日本联合舰队在东乡平八郎的率领下突袭旅顺港，俄军战败，旅顺口被日军攻占，日军在旅顺黄金山设置了镇守府，最终日军取得了辽东半岛的控制权。

日本侵占辽东半岛后，从日本国内派遣了一批专家学者到我国东

◇ 唐鸿胪井碑文拓片　　　　　　◇ 唐鸿胪井刻石及碑亭原址（日本关重忠摄影，约1905年）

北地区进行历史、人类学、古建筑学等方面的调查。日本著名东洋史专家、号称中国通的内藤湖南以外务省特派员的身份，赴中国对当地的行政组织、租税额及其他方面进行调查，暗中则接受了日本海军秘密委托，对旅顺的鸿胪井碑进行鉴定，确认其历史价值。1905年7月，内藤秘密到访旅顺调查鸿胪井碑，并通过查考史料记载和综合奉天清朝官员的意见，写成报告《关于旅顺唐碑的调查》，内藤等人认为"此碑于史有益"，由此引起日方高度重视，为日军掠运唐碑到日本埋下伏笔。

内藤湖南完成调查归国后，相继发表了《满洲写真帖》《日本满洲交通略说》（此处"交通"为交流通达之义）等文，并且收录了唐鸿胪井碑拓本。1907年8月3日至5日，大阪朝日新闻社为迎接这块渡海而来的珍贵唐碑，举办比睿山讲演会，特邀内藤湖南发表演讲。内藤在演讲会上谈及日本与渤海国的往来历史时，讲到唐代使节崔䜣奉命册封第一代渤海王大祚荣的史实，重点介绍了在旅顺黄金山发现的唐鸿胪井碑及其拓本碑文的释义，进一步肯定了唐鸿胪井刻石的珍贵历史价值。

1908年，唐鸿胪井碑及唐碑亭由时任海军大臣斋藤实交给宫中，安置于战利品陈列场中，并将有关的调查资料一同上交。之后日本建

◇ 日本东京皇宫建安府前院内的唐碑亭及刻石

◇ 旅顺黄金山"鸿胪井之遗迹"碑

成日俄战利品陈列馆建安府，唐鸿胪井刻石及唐碑亭最终被安置在东京皇宫御府之一的建安府前院内。御府是存放各次战役战利品的纪念馆，这些御府在1945年8月15日日本战败投降前为了鼓舞士气是公开开放参观的，此后几乎不对外开放参观，秘不示人，从此少有人能看到这块唐碑。

唯一例外是 1967 年 5 月 12 日，在建筑事务所工作的渡边谅得到特许，准许他参观鸿胪井刻石。渡边谅在皇宫建安府前院亲眼所见唐碑亭及刻石，参观之后于 1968 年在《东洋学报》发表了《鸿胪井考》一文，文章记录了唐碑的形状、崔䜣的刻字及后来盖在碑石上的唐碑亭和增刻的文字。据其文所述，碑石褐色中夹有浅红色，类似硅岩。正面横宽 300 厘米，厚 200 厘米，从地表至最高处 180 厘米。碑身呈椭圆形，"其大如驼"，从唐代以迄明清，在崔䜣题刻的周围有大小 6 处题刻。他还将能够辨认的题刻文字记录了下来，具有重要的参考价值。

三

根据联合国教科文组织的有关约法，任何因战争原因被抢夺或丢失的文物都应归还。海城三学寺石狮、唐鸿胪井刻石等中国历史文物本属中国，文物是不能成为战利品的。

中国政府和相关主管部门，对追索返还流失海外的中国文物极为重视，取得了许多重要成果。多年来，中国学者和民间人士对被日本掠夺的中国文物，收集有关资料，开展学术研究，召开研讨会，发起签名活动，并相继成立了"中国民间对日索赔联合会"、"唐鸿胪井刻石研究会"、吉林白城师范学院"唐鸿胪井刻石馆藏室"、大连"唐鸿胪井刻石纪念馆"和"旅顺唐鸿胪井刻石纪念馆"等，开展追索返还运动，积极争取被劫文物早日回归祖国。

以日本律师、大学教授及志愿者为主体组成的民间组织"中国文物返还运动推进会"自成立以来，多次举行文物返还集会，呼吁日本政府归还战争时掠夺的中国文物，首先包括唐鸿胪井刻石和从辽宁海城掠夺的三尊石狮。然而宫内厅人员回答说"完全不知道这个是抢来的"，甚至说这个已经是日本的"国有财产"。

日本皇室和政府早日将唐鸿胪刻石及辽宁海城三学寺石狮返还中国，这是千千万万中国人的心愿，对中日友好、促进全世界文化遗产保护事业有着无可替代的意义。

第六章 ◯ 六骏失群
昭陵两骏流失美国真相

　　昭陵是唐太宗李世民与文德皇后长孙氏的合葬墓，位于今陕西礼泉县九嵕山上。昭陵北司马院内原本列置有六块浮雕骏马，用以纪念唐太宗在多年征战中骑用的六匹立有赫赫战功的战马，即驰名中外的"昭陵六骏"。昭陵六骏是中国雕塑史上的旷世杰作，具有极高的历史价值和艺术价值，是当之无愧的稀世国宝。

　　20世纪初，"昭陵六骏"不幸遭受厄难，其中飒露紫和拳毛䯄被盗卖至海外，现藏于美国费城宾夕法尼亚大学博物馆（以下简称宾大博物馆）。其余四骏——特勤骠、青骓、什伐赤、白蹄乌在从昭陵盗运至西安城的途中被追回，未能盗卖出境，现藏于西安碑林博物馆石刻艺术陈列室。

一

　　据史料记载，贞观十年（636），唐太宗李世民在安葬文德皇后后不久，为纪念在统一战争中立有战功的六匹"骁骑"，诏令雕刻六骏。相传由唐初大画家阎立本绘制六骏画稿，唐太宗李世民亲题赞语，由

◇ 西安碑林博物馆石刻艺术陈列室

大书法家欧阳询书丹于石，后世称为三绝。不过由于岁月侵蚀，字迹早已泐灭，所幸这些赞语已录于《全唐文》《金石录》等史籍，还刻于宋代游师雄题的六骏图碑上，使我们现今仍可以读到唐太宗李世民对自己心爱战马的赞叹。

六骏采用高肉浮雕法刻于宽约 200 厘米、高约 150 厘米、厚约 40 厘米的青石屏上，分东西两行对称列置于昭陵北司马院内祭坛两侧的庑廊内，东边一行，依次为特勤骠、青骓、什伐赤；西边一行，依次为飒露紫、拳毛䯄、白蹄乌。

六骏各有其名，各有立功沙场的故事。

飒露紫为李世民与王世充在洛阳北邙山会战时骑乘。战斗中马前胸中箭，大将丘行恭将自己的战马让给太宗，带太宗杀出重围。飒露紫石雕作品前胸带箭，丘行恭站立马前做拔箭状。唐太宗对飒露紫的赞语是："紫燕超跃，骨腾神骏。气詟三川，威凌八阵。"

拳毛䯄为李世民与刘黑闼在洺水激战时骑乘。战斗中，拳毛䯄身

西庑南端-飒露紫　　西庑中央-拳毛䯄　　西庑北端-白蹄乌

东庑北端-什伐赤　　东庑中央-青骓　　东庑南端-特勤骠

◇ 昭陵六骏（1909 年足立喜六拍摄）

中九箭而亡。此马石雕身带九箭，低头徐行。唐太宗对它的赞语是："月精按辔，天驷横行。弧矢载戢，氛埃廓清。"

　　白蹄乌为李世民镇讨薛仁杲时所骑乘。此马石雕四蹄腾空，呈飞奔状。唐太宗对它的赞语是："倚天长剑，追风骏足。耸辔平陇，回鞍定蜀。"

　　特勤骠为李世民讨伐刘武周、宋金刚时骑乘。此马石雕做慢步缓行状，唐太宗的赞语是："应策腾空，承声半汉。入险摧敌，乘危济难。"

　　青骓为李世民与窦建德在虎牢关外大战时骑乘，激战中马身中五箭。石雕身带五箭，呈四蹄腾飞状。唐太宗的赞语是："足轻电影，神发天机。策兹飞练，定我戎衣。"

　　什伐赤是李世民平土世㐀、窦建德时骑乘的另一匹战马，马身亦中五箭。石雕也身中五箭，亦呈腾空飞奔之势。唐太宗对它的赞语是："瀍涧未静，斧钺伸威。朱汗骋足，青旌凯归。"

　　六骏石雕造型神采飞扬，准确传神。或健步徐行，或带箭飞奔，或伫立等待拔箭，经过艺术的提炼和概括，将金戈铁马、血战沙场的

◇ 现列置于昭陵的六骏复制石屏

场景栩栩如生地在石屏上表现出来，拥有震撼人心的艺术魅力。正如古诗所赞："秦王铁骑取天下，六骏功高画亦优。"昭陵六骏被誉为我国美术史上最著名的纪实性石雕作品之一。20 世纪初，法国著名汉学家沙畹、日本学者足立喜六等对昭陵的历史遗迹进行了实地考察，拍照并做详细记载，出版著作，成为仅存的清末昭陵遗迹包含六骏在内的珍贵文字及图像史料。

二

现在我们知道，昭陵六骏在 1913 年被盗运下山，更令人愤慨的是，

1916年六骏中的飒露紫和拳毛騧被盗卖至美国。国宝被盗卖国外，举世关注，百年来关于两骏如何被盗卖出境众说纷纭。为了钩沉两骏流失真相，我曾在西安、北京和上海走访，并赴法国、美国进行调查，取得大量第一手资料，其中尤为重要的是原上海文物保管委员会保存的一批"卢吴公司"档案资料（以下简称"卢档"）和美国宾夕法尼亚大学博物馆所涉昭陵两骏档案资料（以下简称"宾档"），为我们厘清昭陵两骏流失经过提供了可靠证据。

昭陵两骏的流失绕不开卢吴公司和它的掌门人卢芹斋。卢芹斋1908年在巴黎创立了古董经营公司"来远公司"，俗称"法国庄"。为了便于从中国进货、贩卖珍贵文物，来远公司相继在上海、北京、西安开设了分号。1911年卢芹斋与吴启周等人成立卢吴公司，成为国内的总代理机构，卢吴公司是向外国贩运珍贵文物数量最多、经营时间最长、影响最大的私人文物古玩公司。

我们从宾大博物馆保存的档案得知，昭陵两骏最初是由外国古董商人主使偷运出昭陵的，时间大约在1913年5月。石骏被运出昭陵途中，运输队遭到了当地农民的拦击，珍贵的石骏被推下山崖。

翌年，卢吴公司西安分号负责人王昶轩打听到"唐陵马片"已被袁世凯手下陕军师长张云山运到省城，并且有人"要价壹万两（银）"。在"卢档"中我们查阅到一封信，王昶轩在1914年2月4日给吴启周的信中写道："唐陵马片闻张云山运至省城，原是六块，破二块，只取回四块。有人说要卖，要价壹万两，俟等见物时在（再）为通知。前在京启公谈及有马片照相，请速寄来为盼。"

10天后，王昶轩又给吴启周、缪锡华写信，信中写道："前提马片，昨弟到南院见郭某言说此事，伊云前阿米达去过数次，因分量过重，教石匠打开，每片分为三截，后又去偷，未能办到。张云山得信去大车六辆，只拉回二大片。前老贾说要价等情，均属不实，此物不好办，姑俟后期……"从此信函内容可知，他已经去了放置石骏的长安旧督署（俗称南院），原来谋划的偷盗"未能办到"。相反，引起当局警惕，其中两骏被张云山派人拉走。

三

1914 年一战爆发，欧洲古玩市场出现疲软之势，卢芹斋欲去美国寻找机会。他在纽约结识了宾大博物馆馆长乔治·高登博士，其时宾大博物馆正在筹备陈列于圆形大厅内的中国艺术大展，正苦于缺少中国一流文物精品，卢芹斋的到来无疑雪中送炭。卢芹斋、高登首次见面谈得很融洽，卢芹斋爽快地同意出借瓷器、雕刻品及绘画等参加展出。卢毕竟是精明的商人，他同时向高登推荐手中在欧洲无人问津的响堂山北齐石雕像，并带去了八尊石雕像的照片让高登过目。高登一见十分喜欢，表示愿意购买三尊，自此开启了宾大博物馆收藏中国石雕的先例。高登喜欢石雕像，可能与宾大博物馆高大的无柱圆形展厅更适合陈列大型石雕有关。卢芹斋也因此决定在美国开辟销售雕刻文物艺术品的新市场，高、卢携手合作后达成一种默契：以后凡石雕，卢芹斋大都先让高登过目挑选。正是有这种合作的基础，卢芹斋很自然地把昭陵两骏首先介绍给了高登。

善于把握机会的卢芹斋于 1915 年回到法国后，又于同年重返美国，在纽约曼哈顿第五大道开设了"卢芹斋来远公司"，俗称"美国庄"。为了对高登有所回报，投桃报李，前述卢、高之间曾达成默契买卖中国古代石雕艺术品之事就提到日程上来了。我们在"卢档"中看到一封 1915 年卢芹斋由巴黎寄出写给吴启周的信（用钢笔以黑墨水书写），信中指示："前信问及倘现下不知能否将石马片办下？倘能做到，屏君处可说，法汇款至兄可也……"

接到卢芹斋的指示后，卢吴公司行动起来，准备派王昶轩去洽谈购买石骏之事。

卢芹斋及卢吴公司究竟是从何人手中买到两骏的？卢芹斋强调他是从袁世凯手中买的，但我遍查相关史籍和资料，未获任何可佐证的信息。此说并不可信，其理由如下：一、1913 年 12 月和 1914 年 6 月，国民政府分别以内务府总长和大总统袁世凯名义颁布过禁止和限制古物出口法令，如袁干此事，违反自己刚颁布的法令，至少会有所顾忌。因此袁出售两骏的可能性非常小。另据袁世凯第七子袁克齐回忆，袁世凯不好古玩，他经常挂在嘴边上的一句话是"古玩有什么稀罕，将来我用的东西都是古玩"。二、堂堂一国大总统，为了区区几万两银子而出售国之重宝予私人走私，从常识和逻辑上都讲不通。三、卢芹斋声称，1915 年是袁世凯下令将两骏正式移至北京，然后售给他的。但我们从前述卢写给吴启周的信中可知，至 1915 年底，卢吴公司才正式准备派员去将"石马片办下"。卢的说法前后矛盾，时间上对不上，实为谎话。而卢芹斋口口声声为自己辩护，说两骏是"最高领导"售卖给他的，但他始终没有举证拿出这个"指令"，而我们也没有检索到任何档案资料可供印证。我认为，卢芹斋混淆视听，拉大旗作虎皮的目的，只能是另有隐情，即掩盖其盗卖昭陵两骏不可告人的勾当。

此外，所见掌故笔记中，时人周肇祥在其所著《琉璃厂杂记》中有更为详尽的记述，根据他的记述，常以中介身份参与卢吴公司的商业活动的古董商人赵鹤舫，从袁世凯之子袁克文手中得到了两骏。《琉璃厂杂记》是周肇祥以琉璃厂见闻为主的随笔，事皆亲历，内容翔实，应属可信度很高的重要参考资料。

卢芹斋在 1926 年 9 月 14 日写给高登的信中，介绍两骏的来历时说："他们为搞到这两件文物辗转了四五年时间，历经各种艰难险阻，冒着坐牢甚至生命的危险。如今在中国搞古董简直比登天还难，像这样罕见的文物已经几乎不可能再搞到了，一来风险太大，二来文物精品已经差不多都倒腾出来了。"卢芹斋信中所述绝非夸张，所谓"冒着坐牢甚至生命的危险"，说明盗卖两骏在中国是非法的，高登应该完全明白和理解此中含义。

卢芹斋盗卖两骏的行为触犯了众怒，也触犯了中国政府的法律底线。他1927年夏天从苏联乘火车回国，火车停靠赤塔火车站时，收到了一封紧急电报，提醒他回国进京可能面临危险。卢十分惊恐，临时决定改变行程，绕过北京，在符拉迪沃斯托克（海参崴）乘船直赴上海。他在9月10日致信宾大博物馆新任馆长哈里森时写道："当时的北洋政府因我经手唐太宗的骏马石碑而要逮捕我。"可见由于卢的偷盗国宝行为触犯了国法，北洋政府曾张网待捕，要将其捉拿归案。

根据"宾档"资料记载，高登于1918年3月9日在卢吴公司的纽约仓库（纽约大都会艺术博物馆储藏室）首次见到两骏，宾大博物馆并于1921年向卢芹斋支付完了购买昭陵两骏的全部款项。综合目前所见"卢档""宾档"和笔记掌故史料，以及当时中国的法律法令，毫无疑问两骏属非法盗运、盗卖，卢芹斋盗运两骏出境是证据确凿的非法行为，宾大博物馆购进的显然是两件赃物，并非善意取得。

◇ 美国宾夕法尼亚大学博物馆里陈列的昭陵两骏

第七章 ○ 洋庄生意
《古画留真》背后的故事

20 世纪初，在上海形成了一个把中国艺术品贸易延伸至海外的古玩商圈，这个古玩商圈由中外古董商、鉴藏家、海派画家、古董捐客等组成，专门从事"洋庄"生意牟利。为适应海外艺术品贸易需要，其时出现了一种新的行销手段，即印制双语对照的图录及藏品目录进行商品宣传，甚至不远万里送至海外目标客户的手中，以取得生意的成功。

——

1914 年末，为准备参加 1915 年在美国旧金山举办的巴拿马太平洋万国博览会，实业家、大收藏家庞莱臣印行出版了装帧精美、中英文对照的《中华历代名画记》，此书共入录名画 81 件，其中著录其家藏 78 件。1915 年，上海古董商文源斋主人李文卿也出版了一部中英文对照的《中华历代名画记》。

《古画留真》1916 年由中国上海来远公司出品，中英文对照并附有珂罗版（大 16 开）图录，入录晋唐五代宋元古画名作 60 件共 86 幅，仅印制 100 册，弥足珍贵。题材有人物、花鸟、山水等，以人物题材居多。图录中有 4 幅为彩图，其他均为黑白图，另外有 10 幅因为"绢素年久，颜色过黯，不能摄影，故无印本"，没有印制呈现在书中。每幅作品标明时代、作者、名称、尺寸、画面描述，其中有的作品还对画家生平、文献著录、收藏源流和印章题跋进行了考证。业界评价此书："是册共收古画真精之品六十件附画家历史、画中景物与历史、美术有关系者详加考证说明，图文资料均十分翔实。编者为使此册远播海外，故以中英文对照撰述文字资料。此册当时印数不多，现已甚难一见。"

中国上海来远公司是卢芹斋与吴启周在法国联名合伙开设的卢吴公司在上海设立的分公司，专事经营洋庄生意，大规模有组织、有计划地搜罗中国古代艺术珍品贩销海外，是当时最大的古董出口贸易跨国公司。

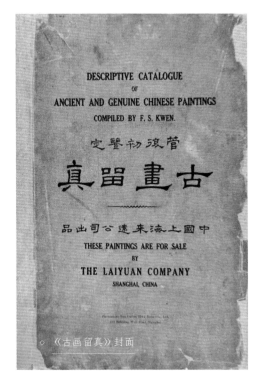

○ 《古画留真》封面

二

1914 年 7 月一战爆发，欧洲艺术市场行情低迷，促使国际艺术品交易中心从欧洲转到美国，寻找新的机会。卢芹斋在 1914 年 10 月 21 日写给吴启周的信中说：

现战争以来英法美市场均未见佳，各商业亦难行销……惟望战祸平后，想美市较英法稍佳，不得不前往一试。……

　　1915 年 3 月，卢芹斋在纽约第五大道开店，将古董生意正式拓展到美国。卢芹斋到美国开店后的第一笔生意是作为代理商。其时，正值巴拿马太平洋万国博览会在旧金山举办，庞莱臣的堂弟庞赞臣携带了一批庞莱臣所收藏的中国字画，以参加这次博览会的名义送往美国。在这次万国博览会上，卢芹斋与弗利尔首次见面，并将庞莱臣收藏的 13 件中国古代名画推销给弗利尔。1915 年至 1916 年期间，卢芹斋经营的来远公司以 11 万美元的总价，向弗利尔出售了近 150 件古董艺术品，这些艺术品成为弗利尔收藏最重要的来源之一。

　　查尔斯·兰·弗利尔，美国实业家、大收藏家，是闻名世界的弗利尔美术馆的创建者。卢芹斋与弗利尔结识后，尝到了甜头，于是针对弗利尔策划推出了《古画留真》一书，欲向弗利尔推销 60 件中国古画，他在《古画留真》的前言中毫不掩饰地写道：

　　我集此帙既竟，深感福利亚（弗利尔）先生提倡中国美术之盛心，又能指导后进，将古代流传有绪、与夫质量高尚之美术，得有精确之评判，不能不为好古家申谢者也。且聚中国几多之古画，得先生之法鉴，足令中西人士之嗜画者，更得鼓舞其兴致，其鉴古之精，尤为世界学子及收藏家深表同情者耳。且此帙所有之画，俱出于几番之审择，以期就正于福利亚先生，及美国诸好古家，与先生同好者，定能一致赞成也。

　　1916 年 10 月 2 日，弗利尔收到《古画留真》一书，对其中入录之古画十分欣赏和认可，表示急于见到原作并考虑购买其中一些作品。他立即回信给卢芹斋说：

　　亲爱的卢先生：

　　您 9 月 30 日的来信，还有管先生编撰的非常有趣的中国绘画图录，

◇ 卢芹斋致吴启周信函（1914 年 10 月 21 日）

我今天上午都收到了，谢谢你的好意。

……

对于图录里面的绘画作品我说些什么呢？与那些珍品的复制品一比较，我能说的听上去就是陈词滥调了。整个收藏非常有意思，其中个别几件也是精美至极。等这批画作到了我要马上见到它们，我考虑买下其中的一些，如果不是全部的话。也许我们能就全部作品定出一个双方都满意的价钱，这就得等到您到大巴灵顿之后我们充分商谈了。

在得到弗利尔初步认可这些画作的信息后，来远公司将原作直接运到弗利尔底特律的家中，供他挑选。弗利尔在鉴赏原作后，同意买下整批画作，并给来远公司寄去了 1 万美元的支票。但 1 万美元远远低于卢芹斋的心理价位，卢芹斋希望以 6 万美元价格整批出售，把弗利尔寄来的支票退了回去。弗利尔对卢芹斋的要价和退票行为大为不快，尤其对于卢芹斋的强买强卖断然拒绝，要求终止这场交易，他写信给卢芹斋说：

对于这批画，我必须强调自从我离开大巴灵顿之后就一直没有改变想法——我已经充分考虑了这件事情，现在确信决定不买那批画、不接受您的提议是完全正确的。

此事发生之后，弗利尔对卢芹斋彻底失去信任。1916 年以后，弗利尔与卢芹斋断绝了一切往来，几乎没再给卢芹斋写过信，对卢芹斋的来信也不予回复。不久之后，这批古画在美国流散。

三

在卢芹斋销售的中国古画中，最著名的是入录《古画留真》图录的北宋名迹《睢阳五老图》，如今一分为四，主体部分藏于美国三家博物馆：《毕世长像》及部分题跋藏于纽约大都会艺术博物馆，《朱贯像》和《杜衍像》藏于耶鲁大学博物馆，《冯平像》和《王涣像》藏于弗利尔美术馆。而此画 50 余家题跋则回流中国，现藏于上海博物馆。

《睢阳五老图》显示了宋代人物画高超的写实能力和艺术水平。由于现存北宋的肖像画非常少，五老图以其在绘画、书法、文献等各方面的重要价值，成为中国人物画发展史和书画鉴藏史上的一件重要作品。美术史家李霖灿评价说："这是我国历史上的一件名迹，由北宋时算起，迄今将近一千年，其中流传曲折，甚至在货币上的价值，都历历可考，真可称之为我国画史上

◇ 《睢阳五老图·杜衍像》，
美国耶鲁大学博物馆藏

◇ 《睢阳五老图·王涣像》，
　美国弗利尔美术馆藏

◇ 《睢阳五老图·毕世长像》，
　美国纽约大都会艺术博物馆藏

◇ 《睢阳五老图·朱贯像》，
　美国耶鲁大学博物馆藏

◇ 《睢阳五老图·冯平像》，
　美国弗利尔美术馆藏

的一项最可宝贵的资料。"

《睢阳五老图》描绘了五位老人，是北宋五位名臣——杜衍、王涣、毕世长、朱贯、冯平。五位并非都是睢阳（今河南商丘）人，只是致仕（退官）后，养老于睢阳。当时画家为五人绘成图像，时称《睢阳五老图》。北宋钱明逸于至和丙申年（1056）中秋日为之作序："暇日宴集，为五老会，赋诗酬唱，怡然相得。宋人形于绘事，以纪其盛。昔唐白乐天居洛阳，为九老会，于今图识相传，以为胜事。"五老图近千年流传有绪，宋元明清诸多名家为之题跋。

五老图中《杜衍像》画面左上方题有"致仕祁国公杜衍八十"。杜衍，越州山阴（今浙江绍兴）人，北宋大臣。历仕枢密使、同平章事，因支持范仲淹实施新政，为相百日而辞官，退居睢阳养老。

《王涣像》右上方题有"礼部侍郎致仕王涣九十岁"。王涣，应天府宋城（睢阳）人，为太子宾客，致仕后加封礼部侍郎。

《毕世长像》左上方题"司农卿致仕毕世长九十四岁"。毕世长，河南郑州人，历仕虞部员外郎、少府监等职，以司农卿致仕，是五人当中年龄最大的。

《朱贯像》右上方题"兵部郎中致仕八十八岁"。朱贯，应天府宋城（睢阳）人，以兵部郎中致仕，在皇祐年间以八十九岁高龄去世。

《冯平像》右上方题"驾部郎中致仕冯平八十七岁"。冯平在仁宗朝时以比部员外郎知眉州。

五老图中，毕世长、朱贯、冯平三人身穿黑色对襟衣，衣长至足踝处，两侧开衩，胸前衣襟处衿带系束，头戴宋代颇为流行的东坡帽，飘飘然有神仙之貌。杜衍和王涣二人身穿黑色圆领袍，腰系红色銙带，头戴角巾，神态怡然。五位老人气度不凡，状貌清古威严，画家完美表现了致仕的北宋政府高级文职大臣的样貌。

第八章 ○ 西域古道
外国淘宝者的"乐园"

我国新疆地区地处西域，是东西方经济和文化交流的通道，丝绸之路从这里贯穿而过。由于气候干燥，很多古代的遗迹、遗物、古美术品、文书被保存下来。19 世纪末到 20 世纪初，是包括新疆在内的中亚地区格外吸引世界注意的时代，一些国家组织了所谓的"探险队""考察队"来我国新疆进行探险和考察，形成一股考古淘宝热，这里成为外国探险者的"乐园"。据统计，仅 1876 年至 1928 年间，到达中国西部的"探险队"就有 42 支之多，造成了中国文物美术品的大量流失。

一

关于中亚探险和楼兰的发现，不能不提到鼎鼎大名的瑞典探险家斯文·赫定，从 1890 年至 1930 年，斯文·赫定先后四次进行中亚探险，几乎走遍中国新疆、甘肃、西藏等地，其活动范围之大，超过同时代其他探险家。斯文·赫定是地理学家，他的考察当属地理勘查，考古虽非其所长，但他却乐此不疲。

1890 年 12 月，斯文·赫定冒着大雪翻越帕米尔高原，来到了我国喀什噶尔，在新疆做短暂的停留，这次短暂的喀什之行给他留下了深刻的印象。1896 年，斯文·赫定重整行装，开始了第二次塔克拉玛干的探险。在和田东部于田县和策勒县交界处，发现了第一个遗址，即塔克拉玛干古城遗址——丹丹乌里克，这是古于阗国的一座城镇。斯文·赫定在此匆匆进行了发掘，获取了一些文书、佛像和佛教壁画，以及铜器等其他物品，并装箱运走。后来斯坦因亦来此地挖掘过，出土有唐代"开元通宝"古钱及大量古文书、佛教艺术品，出土物表明公元 8 世纪后期这座城镇仍很繁荣。1897 年 3 月，经西藏北部探险到达北京的斯文·赫定，携带所获中国文物假道俄国归国。

1901 年 3 月 3 日，斯文·赫定等返回发现木板和房屋遗址的地方。斯文·赫定在《我的探险生涯》一书中记述：

差不多所有的房屋都是木头造的，墙垣是柳条编的，或是在柳条上再涂着泥土。有三个地方门框还直立着，一扇门开得极大，仿佛是那 1500 多年以前这个古城中所住的末一个人刚离开似的。……我们掘出一尊三尺半高直立着的佛像，带着趺坐佛像的平嵌线，带着雕刻极精的直立佛像的木座，带着莲花同别种花的装饰品和刻在木上并保存得很好的图案。沙都尔首先寻着一块刻着佉卢文字的小木板，因此得了奖赏。再有第二个人找着也有同样的赏。只要荒野上还有一线的光亮，我的仆人总不住的挖掘。……毛拉在极右边的马槽中寻着一片有中国文字的纸，因此也得了奖赏。那片纸是在沙土中两尺深。我们再向下掘，用手指筛沙土。一片一片的纸张发现出来，一共有 36 张，每张都有字。我们还寻出 120 片上面也有文字的小木板。

考察队经过 7 天紧张的挖掘，掘获一批汉文文书和简牍，其中木简共 121 枚。此外，还掘获大批古钱币，以及丝毛织品、陶器等，这些物品全部被装箱运至瑞典。由于他不谙汉文，便将简牍文书资料委托德国语言学家卡尔·希姆莱整理考释。希姆莱根据文书内容，在他的首批考释报告中认定出楼兰地名，从此被废弃了十几个世纪之久、幻影般的楼兰古城终于再次为世人所认识。

楼兰古城的发现，轰动了欧洲，确立了斯文·赫定作为一个探险家的世界性声望，奠定了他在国际学术界的地位。斯文·赫定由此蜚声学界，成了欧洲家喻户晓的人物。

1926 年冬，斯文·赫定再次率领一支由瑞典人、德国人及丹麦人组成的探险队来到中国。此行遭到了中国学术界的强烈抵制，经过五四运动洗礼的中国知识界已经具有现代意识、民族精神和科学民主思想，中国社会有了巨大进步。北京大学考古会、清华研究院、京师图书馆、历史博物馆等在京的十几个学术团体，自发地联合起来组成"中国学术团体协会"，表示抗议，并进行交涉和谈判。经过将近 6 个月10 余次马拉松式的艰苦谈判，双方终于达成协议。协议的主要内容是：由"中国学术团体协会"和斯文·赫定的探险队共同组成"西北科学考察团"。考察团中方和瑞方各设一名团长，由当时的北京大学教务长、知名学者徐炳昶（旭生）和斯文·赫定分别担任中瑞两方的团长；瑞方队员 17 名，中方队员学者 5 名、学生 4 名（后来又增加了几名中国学者）；考察团所采集、发掘的一切动植物标本、文物、矿物样品等，都是中国的财产，归中国所有。考察报告由瑞典方面写出，一切费用均由瑞典方面支付（后来有一部分实际上是中国政府及中国学术团体所负担）。由于开辟航空线的申请未能得到南京国民政府的批准，德国队员后来几乎全部撤回。

这个协议可以说是中国近代科学文化史上，第一个对外国来华考察团有所约束的条约，正是因为有了这个协议所列条款的保证，三年后考察团发现的震惊世界的"居延汉简"才没有被运往国外。并且，由于此协议的推动，南京政府立法院于 1930 年制定了《古物保存法》，这也是中国有史以来第一个文物保护法律。其中规定："古物之流通，以国内为限。但中央或地方政府直辖之学术机关，因研究之必要，须派员携往国外研究时，应呈经中央古物保管委员会核准，转请教育内政两部会同发给出境护照。携往国外之古物，至迟须于二年内归还原保存处所。"

二

众所周知，斯坦因以用不光彩的行为骗取我国敦煌宝藏而闻名于世，而他四次赴我国新疆考察的事迹往往为人们所忽略。

斯坦因的第一次中亚考察，主要发掘我国新疆和田地区及尼雅的古代遗址。1901 年 12 月中旬，在当地向导图尔迪的带领下进入塔克拉玛干大沙漠，首先发掘了丹丹乌里克遗址，发掘出许多佛教壁画、塑像和浮雕，还有大批梵文、于阗文和汉文文书。汉文纪年文书表明，该遗址废弃于公元 11 世纪末吐蕃入主塔里木盆地之前。这也是第一次从遗址中发掘出于阗文书。此外，还发掘考察了于阗旧都约特干、安得悦寺址、喀拉墩遗址、和田北部的阿克斯比尔城址、热瓦克寺址等处，获得了大量的梵文、于阗文和汉文文书，以及大批文物。

1901 年斯坦因一行返回和田，又东经克里雅到尼雅绿洲。一名考察队员偶然从当地村民手中得到两块写有文字的木牍，精通多种语言

◇ 斯坦因（中立者）与第二次探险队成员

◇ 1906 年 8 月，斯坦因探险队发掘楼兰古国遗址（左为佛塔遗址）

◇ 神像（6世纪—7世纪），新疆的
古遗址出土，英国大英博物馆藏

的斯坦因辨认出它们系佉卢文字母，著名的阿育王碑铭有一部分就是用这种文字刻写的。斯坦因立即雇这位村民做向导，奔赴文书的发现地——尼雅河古道尽头，发掘出古鄯善国精绝城的大片古代居住遗址，获取大批的佉卢文书和建筑装饰及家具等。出土的佉卢文书的封泥上印有汉文篆字或希腊神像，这是丝绸之路上中西文化交流、融汇的一个很好的例证。斯坦因将12只满载文物的大木箱和800多张拍摄好的摄影底片带回伦敦，在欧洲引起轰动。

1906年4月，斯坦因开始进行第二次中国之行。在重返和田和尼雅诸遗址后，东经若羌，直抵斯文·赫定过去率队发现的古城——楼兰遗址，斯坦因在此做了系统的发掘，获取了一批珍贵的汉文和佉卢文书。然后返回若羌，再由此东行到米兰遗址。斯坦因在米兰掘得大批古代藏文文书，这些文书至今被学者认为是年代最为久远的古藏文文献。

7年之后，1913年至1916年，斯坦因进行了他的所谓第三次中亚考察，仍然是沿着塔里木盆地南道东行，发掘和田、尼雅、楼兰等地的古代遗址，而后进入甘肃，又发掘了敦煌、酒泉间的长城烽燧，并再次来到莫高窟。

在莫高窟骗取藏经洞写本后，1914 年 5 月，斯坦因沿甘肃北境额济纳河深入居延，发掘了西夏古城黑水城。然后沿丝绸之路北道返回，到达吐鲁番，在阿斯塔那墓地发掘高昌文书，揭取柏孜克里克石窟壁画，又发掘了部分库车遗址，最后经喀什出中国国境，返回克什米尔。

1930 年，斯坦因进行第四次中亚考察，但行至哈密时遭到中国政府反对，不得不放弃原来的计划，转向西亚和南亚。

三

另一名以用不光彩的行为得到我国敦煌宝藏而闻名于世的人物则是法国人伯希和，同样，他原先的计划是在新疆探险考察。

1906 年 6 月，伯希和率领的三人探险队离开巴黎，经由俄国，于同年 8 月来到我国喀什噶尔。6 个星期后，又从喀什噶尔前往库车，先后在图木舒克、库车等地考察和发掘了 8 个月，获取了一批梵文和龟兹文写本、龟兹文木简以及印玺、古钱等珍贵的古西域文物。而后伯希和与他的助手们又转移到乌鲁木齐休整，以便补充生活必需品，为横越沙漠去敦煌做准备。伯希和原来只计划在敦煌拍照和研究莫高窟的壁画雕像，他们还不知道斯坦因 6 个月前在莫高窟的重大举动与惊世收获。但在乌鲁木齐停留期间，他们得知了这一消息，于是放弃吐鲁番考察计划，直奔敦煌。伯希和的敦煌莫高窟之行，在敦煌和新疆地区所获取的中国珍贵文物资料，成就了他在欧洲的盛名和一生的学术辉煌。

四

20 世纪初，德国皇家吐鲁番探险队在我国新疆地区进行了四次探险考察活动，以吐鲁番为中心，东到哈密、西到喀什，在高昌故城、交河故城、哈拉和卓、吐峪沟、柏孜克里克、克孜尔等地进行一系列的考察和发掘活动，掘获了大量写本、印本、壁画、雕像等。这些文物艺术品被运往德国柏林，收藏于柏林民俗学博物馆（现名柏林亚洲艺术博物馆）。

第一次探险，由当时德国著名的佛教美术史家、柏林民俗学博物馆印度事务部主任阿尔伯特·格伦威德尔领队，加上艺术史家乔治·胡特博士和身体强壮的勤杂工特奥多尔·巴特斯，三人组队，赴吐鲁番，主要考察范围是吐鲁番绿洲，对哈拉和卓、高昌故城、胜金口、木头沟等地进行了发掘，掘获一批梵文、回鹘文、古突厥文、藏文、蒙古文和汉文写本，以及壁画、木雕、泥塑等。这批吐鲁番所获文物经由俄国运往柏林。据记载，他们带回了 46 箱文物艺术品。

第二次探险，成员只有勒柯克和巴特斯两人，勒柯克是阿尔伯特·格伦威德尔的助理。他们在木头沟柏孜克里克石窟遗址发现了大量不同历史时期特征的精美佛教内容的壁画，尤其是 15 尊巨大的不同时期的佛陀壁画，令人震撼。探险队成员勒柯克下定决心，不论付出多大代价，都要把所有壁画搞下来送去柏林。他在自撰书《新疆的地下文化宝藏》中记述，在花费了很长时间的艰苦工作之后，成功地把这些壁画用狐尾锯全部锯了下来。后来在经过 20 个月的艰难跋涉之后，这批壁画终于运抵柏林，它们几乎占满了博物馆的一整间展室。这些壁画是为数不多的把整座石窟所有壁画都运到柏林的收集品中的一部分。

◇ 德国皇家吐鲁番探险队第三次考察留影
（中坐者为格伦威德尔，右靠墙者为勒柯克）

◇ 克孜尔千佛洞外景

　　根据勒柯克的说法，他们首先以极其锐利的刀子沿着每幅画的四周小心割开，然后在画边用鹤嘴锄、铁锤和凿子等工具凿出一个足以使狐尾锯伸入的洞，接下来再大面积地锯开。进行这样的割锯需要消耗非常大的体力，同时还要求操作者有一双灵巧而熟练的手，以至于勒柯克说即便是另一位探险队成员巴特斯这样做过水手，有着"大力神般力气"的人，也觉得使用狐尾锯切割是很费力辛苦的。

　　第三次，探险队由格伦威德尔、勒柯克、巴特斯以及略懂汉语的助手波尔特四人组成，一行人来到著名的克孜尔石窟。克孜尔石窟在古龟兹境内，是佛教文化传入中国的首站，被誉为"中国佛教文化的摇篮"。早在格伦威德尔与勒柯克来此地发掘之前1 000多年，唐玄奘在《大唐西域记》中记载了前往印度朝圣取经经过这里，留下了关于库车王国（当时包含克孜尔）的生活详细记录。克孜尔石窟寺开凿年代大约在公元3至4世纪，止建于公元8至9世纪，是中国开凿最早的大型石窟群，洞窟中的壁画和雕塑，艺术史学家认为堪称中亚艺术的巅峰。

　　德国皇家吐鲁番探险队在这里的收获比以前任何地方都大，在这

◇ 克孜尔第 32 窟壁画挖走后留下的痕迹

◇ 克孜尔第 38 窟壁画
挖走后留下的外文记录

◇ 现今克孜尔千佛洞内陈列的流失海外壁画复制品展板
（原件现藏于德国柏林亚洲艺术博物馆、美国纽约大
都会艺术博物馆等处）

里发现的都是最原始的、最有特色的古代寺窟，里面都是极有意义和艺术价值的精美艺术品，这些壁画是在新疆地区所见最好的壁画，所反映的都是一些佛传故事，呈现出一种很纯粹的古希腊风格。可以说，克孜尔是德国皇家吐鲁番探险队来到新疆后的一个转折点，在这里他们收获满满，勒柯克不无得意地说："最后，我们把这些壁画锯切了下来。"

1913 年 1 月，德国皇家吐鲁番探险队组织了第四次远征，这一次由勒柯克率队，成员也只有勒柯克和巴特斯两人，主要调查石窟寺。由于第一次世界大战爆发在即，形势诡谲，并且由于经济困难，以及清王朝覆灭带来新疆政局的混乱，勒柯克所率领的第四次探险队活动不得不在 1914 年 2 月提前结束。尽管行色仓促，但这次的发掘品包括 156 箱文物，在第一次世界大战爆发前夕，通过西伯利亚大铁路从俄国运抵柏林。

西域古道上，装满大车的文物艺术品从新疆运往德国柏林，轮子轧着大漠留下了难以言状的哀叹。勒柯克声称："这四次考察所得收获，绝不亚于俄国、法国、英国和日本探险家们。"此话绝非虚言，柏林民俗学博物馆获得了极为珍贵的文物艺术品 433 箱，包括壁画、雕塑、古写本与印本、饰品等，使它摇身成为世界上首屈一指的中亚宗教艺术品的收藏中心。

◇ 克孜尔第 77 窟一幅被挖走的壁画，
德国柏林亚洲艺术博物馆藏

1943 年至 1945 年，正值第二次世界大战期间，柏林民俗学博物馆至少遭受了盟军轰炸机的七次轰炸，博物馆的建筑被炸成了一片废墟，那些收藏的壁画几乎全部化为灰烬，包括从柏孜克里克等处锯切下来的最精美的 28 幅壁画也灰飞烟灭。1945 年，苏联红军攻克柏林时，在一个地堡中掠走了 10 箱在新疆收集的文物艺术品，这些文物至今下落不明。

五

中国的近邻——俄国，由于其版图与新疆毗邻，以其有利的地理条件，加上当时沙俄帝国的扩张野心，对中亚地理考察和丝绸之路沿线文物美术品早就虎视眈眈。而沙皇俄国赴新疆考古掘宝和劫掠敦煌遗书的代表人物则是奥登堡。

1909 年，奥登堡亲自出马，组织大规模中亚考察，率俄国考察队第一次赴新疆盗宝。考察队沿丝绸之路北线，考察了喀什、库车、吐鲁番和罗布泊等地的古代遗存，重点在高昌故城和柏孜克里克千佛洞进行发掘，获得一大批汉文、梵文、回鹘文和粟特文古代手稿，以及古钱币、壁画和雕刻品。还进行了地形测量和绘图，勘测了近百座佛窟和古城址，拍摄了近 8 000 张照片，直至 1910 年冬天才返回彼得堡。这次考察所获得的文物分藏于艾尔米塔什博物馆和东方学研究所档案馆。

当英国人、法国人纷纷来到敦煌盗宝时，日本人一经得到消息也不甘落后，马上行动起来。在还未看到原物的情况下，就根据所能获得的经卷照片开始了研究。第一次世界大战以前，从 1902 年至 1914 年，日本来中国西北地区进行"考察"主要有三次，由日本大谷探险队进行。大谷探险队以由日本本愿寺的第 22 代宗主大谷光瑞主持而得名。

大谷探险队的三次中亚探险活动，前后长达 12 年时间。就其规模来说，在日本是空前的。其足迹所至，踏查范围之广，没有一个国家的探险队可与之相比。大谷光瑞将获得的大部分文物交由关东都督府"满蒙"物产馆保存（1919年改称关东厅博物馆，1934年改称旅顺博物馆）。1945年前，存于旅顺博物馆的藏品，已有相当一部分运至日本。1945年8月日本战败投降，旅顺博物馆被苏联红军接管，留存该馆的大谷藏品于1951年转交中国政府。1954年，该馆所藏敦煌汉藏文写经620件调入北京图书馆善本部，而西域文物仍由旅顺博物馆保管，即现在收藏于该馆的部分。一部分原存旅顺博物馆的藏品运至日本后，被捐赠给龙谷大学图书馆，即著名的"龙谷藏"。

第九章 ◯漂泊四方
殷墟甲骨今何在

　　河南安阳小屯村，史称"殷墟"，为商代晚期都城，自盘庚迁都于此至纣王（帝辛）亡国，共经八代十二王，历时 200 多年。殷商时代，神事活动盛行，凡祭祀、征伐、田渔、出入、年成、风雨、疾病等，常用龟甲兽骨占卜吉凶，并在其上记刻占卜时日、占卜者的名字、所占卜的事情和占卜应验等。这些刻在龟甲兽骨上的文字，称为"甲骨文""卜辞""契文"，是研究商代社会历史的第一手重要资料。甲骨卜辞是中国最早的文献记录，甲骨文是世界三大古文字之一，与古西亚楔形文字、古埃及象形文字齐名。因此，刻有卜辞的殷墟甲骨，其历史价值和文物价值非常高，和敦煌遗书、流沙坠简一样，是人类文化的瑰宝。

一

　　传说 1899 年，北京城国子监祭酒王懿荣因患疟疾而服中药，其中有一味药叫"龙骨"。所谓龙骨，是埋藏在地下的古代动物的骨头，中医认为，用来做药有涩精补肾之功。王氏家人从宣武门外菜市口中

◇ 殷墟甲骨

药铺达仁堂买来龙骨，王懿荣打开审视，发现其上有刻画极细类似篆体的文字。王懿荣原是金石学家，素有考古癖好，尤善于辨认钟鼎铭文，隐约感觉可能是上古文字。他马上派人到那家药铺，问明来历，选了一些文字较清楚的，全部买下。

这个传说流传颇广，并一再被某些著作当作信史引用。但据查，北京宣武门外菜市口在清朝光绪年间并无"达仁堂"中药铺。而且，中药铺的龙骨从来都是捣碎后再包装出售，从捣碎的龙骨上一般不太可能发现甲骨文。另据资料记载，当年不知何种原因，药铺收购甲骨时，不要有字的，因此需用铲将字迹刮去才能卖出。1911 年，罗振玉曾指派其弟罗振常赴安阳调查，他在《洹洛访古记》中说："此地埋藏龟骨，前三十余年已发现，不自今日始也。谓某年某姓犁田，忽有数骨片随土翻起，视之，上有刻画，且有作殷色者（即涂朱者）……土人因目之为龙骨……且古骨研末，又愈刀创，故药铺购之，一斤才得数钱。骨之坚者，或又购以刻物。乡人农暇，随地发掘，所得甚夥，捡大者售之。购者或不取刻文，则以铲削之而售。其小块及字多不易去者，悉以填枯井。"加拿大传教士明义士在其《甲骨研究》一书中也提到，当时小屯人以为字不是刻上的，是天然长成的。并说有字的不好卖，刮去字迹药店才要。由以上文字记载我们可以得到三点信息：一、甲骨的出土在1911年的30余年前即始，早于1899年之说；二、当时的药铺不收购有字的甲骨，须铲除后方可售；三、甲骨是被捣碎后作为药用。

综上所述，可见王懿荣由于生病服用中药龙骨，由此发现甲骨文只是传闻，并不可信。去除传说的臆造成分，我认为，王懿荣大约在1899年首先发现了甲骨文，并确定是商代的文字，尔后开始大力收购有字甲骨，这种说法可能更符合历史实际情况。

王懿荣，山东福山人，光绪朝进士。王氏一生好古成癖，凡古籍、书画、三代以来铜器无不精心鉴藏。

王懿荣不仅第一个发现了甲骨文，而且也是他第一个将其时代断为商代。王懿荣对甲骨文最初的判断，被后来的研究证实基本上是正确的，中国文字史由此向前推进了1 000多年。甲骨文的发现将古史料和地下出土物相结合，从而把中国信史提早了1 000多年。

王懿荣去世后，刘鹗、罗振玉等人继续甲骨文的收集、整理和研究，分别著有《铁云藏龟》《殷虚书契菁华》等著作。这些著述为甲骨学研究奠定了基础，至今仍不失为研究甲骨学和商史的重要参考资料。

二

正当国内学者们致力于搜求和研究甲骨时，欧美和日本一些国家的传教士、学者也对这种珍贵的甲骨文历史资料发生了浓厚的兴趣，伴随而来的是盗卖和掠夺。

最早搜掠盗卖我国甲骨文的外国人，是当时英国浸礼会驻青州传教士库寿龄和美国长老会驻山东潍县传教士方法敛。库寿龄在 1900 年首次购得甲骨，距甲骨文被发现认识不过一年，是最早收藏甲骨的外国人。

义和团运动发生时，由于京津一带仍纷乱不断，山东潍县遂成为国内最大的古董市场，安阳出土的大批甲骨也开始出现在潍县市场上。于是，方法敛开始收购甲骨，但毕竟个人财力有限，买不了市场上所能供给的全部甲骨，因此他便和库寿龄一起合伙共同收买。他们先后在 1903 年、1904 年、1906 年收购了几批甲骨文，例如潍县古董商范维卿和李茹宾拥有不少甲骨，由于八国联军侵占北京的影响，他们带着这些甲骨回到故乡山东潍县，后来大部分卖给库、方两人。1904 年河南安阳小屯村的朱坤，掘得甲骨数车，被古董商转卖到山东后，也被库、方两人所收购。起初二人合购，后又各自分开。二人亦进行倒卖，从中获利，曾把收购的 400 多片甲骨，转卖给上海由英国人创办的亚洲学会博物院。

1906 年以后，库寿龄、方法敛将所获甲骨陆续贩运国外，转卖或"捐赠"给博物馆和一些私人收藏家。通过他俩之手而外流的甲骨，不下于 4 000 片。库寿龄在 1914 年出版的《河南所出的卜骨》一书中说："买好了第一批甲骨以后，从河南来的继续不断，我们尽量收买。市价越来越涨，收买不起。第一批联合收藏，就是我们以为最末后所能得，让与（美国）皮磁堡喀内各博物院。但后来又得一批，卖与爱丁堡皇家苏格兰博物院。最好的第三批，其中有些最佳的标本，也有一枝雕刻很美的鹿角，先为我二人联合收藏，后归我个人研究。1911 年，卖与不列颠博物院。"就目前掌握的资料，库、方二氏甲骨的流向大致保持 80 多年前的状况，仍分归英、美四个博物馆，即大英博物馆、爱丁堡苏格兰皇家博物馆和美国匹兹堡卡内基博物馆、芝加哥菲尔德博物馆。其中最大的二宗是库寿龄 1909 年转卖给苏格兰皇家博物馆的

1 777 片和 1911 年转卖给大英博物馆的 484 片甲骨；1973 年大英图书馆从大英博物馆中分出，甲骨划归图书馆，大英博物馆只保存了《库方二氏藏甲骨卜辞》1989 号有伪刻文字的雕花鹿角一件，至今仍陈列于大英博物馆的展厅内。大英博物馆另收藏有甲骨 150 片，与库、方二氏无关，其来源不一，流传情况亦不明，仅知入藏日期从 1909 年至 1952 年均有。

英国剑桥大学图书馆也是收藏甲骨的主要机构之一，共有 850 片。其藏品主要来源于金璋。庚子以后，英国教会在天津设立了一个学校，名为"新学书院"（英文名为中英书院），王懿荣送给了学校一批家藏古物，其中有小屯出土的甲骨 25 件。学校当局不知甲骨为何物，乃请当时英国驻天津总领事金璋予以研究。金璋对这批甲骨文字进行了研究，从此对甲骨发生兴趣。后来听说方法敛将出版《中国原始文字考》一书，便开始和他通信，并委托他代为搜购甲骨。因此，金璋的甲骨大部分是由方法敛在潍县购得，再转卖给他的。金璋旧藏甲骨约 850 片，20 世纪 50 年代经研究整理后，去伪存真，选出 600 余片。

此外，剑桥大学图书馆还收藏有英国古文物专家叶兹转赠的甲骨 50 件，系 1913 年叶兹在北京从端方的家藏中购得，这 50 件甲骨最初应该是"铁云藏龟"的一部分。

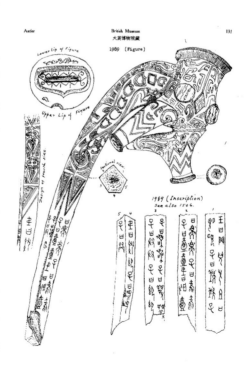

◇ 《库方二氏藏甲骨卜辞》1989 号线描图

◇ 英国大英博物馆藏甲骨

◇ 英国苏格兰皇家博物馆藏甲骨

上述英国所藏的三批甲骨，以爱丁堡苏格兰皇家博物馆的数量最多，其收藏的一版武丁时龟腹甲，是欧洲所藏最完好的腹甲；原藏大英博物馆现归大英图书馆的一批甲骨片最大；原金璋旧藏现归剑桥大学图书馆的一批内容最精。1914 年方法敛去世，美国纽约大学白瑞华教授据其遗稿整理，1935 年由上海商务印书馆出版了《库方二氏藏甲骨卜辞》一书，从中可以了解库、方二氏在我国搜购所获甲骨的情况。

其后，在 1908 年和 1911 年前后，还有德国人威尔茨将所得甲骨转卖给德国柏林民俗学博物馆，卫礼贤将所得甲骨转卖给瑞士巴骚民族陈列馆等。日本人劫掠的甲骨更多，据统计，流失于日本的中国甲骨总数在 12 000 片以上。

◇ 东京大学东洋文化研究所藏甲骨拓片

三

在西方传教士中，加拿大人明义士是搜购甲骨最多的，据他在 1917

年所著《殷墟卜辞》一书的序言中自称，他所藏甲骨达 50 000 片之多。

1910 年，25 岁的明义士接受加拿大长老会委任的牧师职务，被派往中国传教。他利用地利之便，经常骑一匹马，在河南安阳洹河南岸走南串北，搜购甲骨及其他中国文物。

他是第一个得知殷墟所在的外国人，他在《殷墟卜辞》一书的序言中叙述经过时说：

甲寅（1914）岁孟春，著者乘白马游河南省彰德府城北洹水南岸。田已耕，备种棉，农人积破陶碎石于田边，上古陶片之多，引起乘马者莫大注意。跟随陶片且行且视，至河湾，古陶片绝踪。或年代久远冲刷河中，或为沙土埋没。低沙岸上柳芽初发，赤体儿童臂篮漫游，摘嫩叶为茶。见外国人，围集予侧，观予审视井旁洼中陶片。一童问予曰："你做甚么？"予曰："看破陶片。"再问："看它做甚么？"予曰："我喜欢它。"又问："你喜欢看骨头不喜欢？"予曰："看是甚么骨头！"童曰："我能领你看有字的龙骨。"予闻此言，立告以对此很有兴味。我们同行，绕过河湾，至一不毛沙墟，西坡凹处满布白粉碎骨。是即殷墟，商朝京都。

从此以后，明义士陆续搜求，获得大量甲骨。他利用地利之便，近水楼台先得月，在较短时间获得大批甲骨，超越其他所有外国搜购者。其所获数量之巨，无有与之比肩者，据后来统计，其自称收藏逾50 000 片绝非虚言。

1932 年到 1937 年，明义士受聘担任齐鲁大学文学院考古学教授。1937 年秋，齐鲁大学因战争被迫西迁至四川，明义士只得请假回国。回国后，明义士曾在加拿大皇家安大略博物馆远东部从事中国文化研究工作，直至 1957 年病逝。

由于种种原因，明义士归国时，只是匆匆将所藏甲骨精品筛选出

◇ 加拿大皇家安大略博物馆藏甲骨

5 000多片，装箱运往加拿大，并没有将收藏的全部甲骨带走。运至加拿大的甲骨，现全部入藏于加拿大皇家安大略博物馆。

四

明义士归国后，1937年12月21日济南即陷落，那些来不及带走的甲骨一夜之间不知去向，成为一大悬案。1945年抗日战争胜利后，齐鲁大学迁回济南。随后，学校开始寻找明氏所留藏甲，但毫无线索，一直未果。

1952年，齐鲁大学英籍代校长林森（字仰山）博士，交出一张难以辨识的英文草图，人们按照林森的指点，终于在齐鲁大学一位教师住宅的地下室里找到了明氏所遗留的大批藏甲，共计140多箱8 080片，有字的占3 668片。原来当年明义士归国前，恐怕日本人来劫夺，把这批甲骨藏到了一位教师住宅的地下室，并绘制了两份草图，一份由明义士保存，一份委托他的同事、英国人林森保管。

这批甲骨后来全部入藏山东博物馆。1965年著名甲骨学者胡厚宣先生为编《甲骨文合集》，曾去山东博物馆选拓甲骨，认定出其中很重要和比较重要的甲骨约300片，全都未见过著录。

1951年初，南京博物院曾收到杨宪益先生转交来的一只箱子和附信，信中说：箱内的甲骨是加拿大传教士明义士在中国收集的，未及带走，原先交给加拿大驻中国大使馆暂为保管，现在大使馆也要撤离了，大使馆的代办禳傺德委托我把这些东西交给你们。

◇ "骤风"卜骨（明义士旧藏甲骨），现藏于山东博物馆

　　南京博物院的工作人员打开箱子，进行清点核对，共计 2 390 片甲骨，与明义士所著《殷墟卜辞》一书图录对照，正好相符，确证是明义士所著《殷墟卜辞》的甲骨实物。于是，又寻得明义士旧藏甲骨的一部分。

　　1965 年，胡厚宣先生在故宫博物院选拓甲骨时，发现一批龟甲骨片，共计 870 片，内有一个信封，是从天津寄给明义士的，地址为北京华语学院，时间是 1924 年 2 月 18 日。1974 年从故宫博物院的一个仓库里又清理出 167 包甲骨，共计 19 494 片。这批甲骨原来也存放在北京华语学院，新中国成立后由文化部接收，然后交由故宫博物院保管，箱子上仍然贴有当年明义士亲手写的封条。由此可知，明义士在 1928 年任教于北京华语学院以前，就与华语学院有密切关系，并且该学院曾作为他存放所获甲骨的一个场所。故宫博物院先后发现的两批甲骨加起来，共计 20 364 片。再加上前述齐鲁大学和南京博物院发现的两批，明义士未及带出而留在我国国内的龟甲数量共达 30 834 片之巨。

据胡厚宣先生 1984 年统计，国内外共藏甲骨 154 604 片，国内收藏甲骨 127 904 片。流失海外的甲骨，日本 12 443 片，加拿大 7 802 片，英国 3 355 片，美国 1 882 片，德国 715 片，俄罗斯 199 片，瑞典 100 片，瑞士 99 片，法国 64 片，新加坡 28 片，比利时 7 片，韩国 6 片，共计 26 700 片。由此可知，流失海外的甲骨大约占总数量的 17%，还有不少未经公诸学界。

第十章 ◯ 国宝之殇
失落的金村文物

　　提起金村，一般人可能并不知晓。它位于河南省洛阳市孟津区平乐镇，虽是一个不起眼的小村庄，却是东周王陵的所在地之一。然而，对于中国文物考古界而言，"金村"这两个字意味着一段令人悲怆的记忆。20世纪二三十年代，埋藏于金村地下两千多年之久的8座东周王陵和贵族大墓被盗掘，大量珍贵文物流失海外，很多为稀世珍宝、绝世孤品，其流失之严重绝不亚于敦煌莫高窟藏经洞，可谓中国国宝之殇。

———— 一 ————

　　20世纪二三十年代是中国近代的多事之秋，军阀混战，政局动荡不安。1928年4月，军阀张作霖的奉军进攻河南，与冯玉祥所部守军展开激战，连绵的战火不但严重破坏了当地的政治和经济秩序，还严重破坏了正常的社会治安管理。正是在这样的时代背景下，1928年夏秋之际，位于洛阳附近的金村发生了中国文物流失海外史上惊天动地的大事件。

洛阳市文物局的调查成果《千年阅一城》中写道：

一九二八年的夏秋之际，金村一带天降大雨，村东大约一点五公里处，底（地）层塌陷，露出洞穴，当地村民甚感奇怪，入洞探索，知为古代墓室，即行盗掘。随后，开封基督教传教士、加拿大人怀履光等亦闻风而至，搭棚立灶，胁迫利诱当地村民公开大肆掘盗。从一九二八年至一九三二年长达四年之久，先后掘盗大墓八座，出土数千件极为珍贵的古代文物。这些文物都被装进了大大小小的箩筐，再用马车运到洛阳，然后转手倒出海外。在窃取了大批稀世文物之后，怀履光曾写了一篇题为《在支那发现的一群稀有遗物》的报道，刊登于《（国立）北平图书馆馆刊》上，后又纠合了一些人撰写了《洛阳古（故）城古墓考》一书，从此金村大墓驰名世界。

从上文资料可知，1928年至1932年的四年间，在金村的东周大墓8座先后被盗掘，出土珍贵文物多达数千件。这些珍贵的文物先是被不法古墓贩子用马车运到洛阳，然后寻找外国买家，交易完成后再运出海外。根据确切的资料，现今我们知道金村文物最大的买家，是一个名叫怀履光的加拿大人。

二

怀履光，原名威廉·查尔斯·怀特，加拿大人，传教士。1897年，24岁的怀履光被加拿大圣公会选派到中国福建传教，开始了在中国长达近40年的传教生涯。他努力学习中国传统文化，并取了一个中国名字。

因传教有功，1910年37岁的怀履光成为当时圣公会全世界最年轻的主教，被派遣到河南开封创建并主持中国北方教会，直至1934年退休回国，在河南生活了24年。其间1924年怀履光回多伦多休假，拜访了加拿大皇家安大略博物馆馆长查尔斯·柯雷利，并提出了他可以为该博物馆搜集中国文物的想法。两人一拍即合，从此怀履光虽然公开身份是一名加拿大圣公会的传教士，暗中却接受了皇家安大略博物馆的委托，拥有了另一种不为人知的秘密身份，即皇家安大略博物馆的文物代理人。他在华搜集中国文物的经费，均由该馆提供。

如前所述，20世纪二三十年代正值河南开封、洛阳一带各路军阀混战之际，军政统治轮流做庄，政府无力管辖盗墓走私文物之事，于是给了不法古董商可乘之机。作为主教，怀履光渠道甚广，他利用在河南各地的教士和众多信徒的触角，以及古董商的关系网，能够最先得到各地新出土文物的信息并进行交易。

现任加拿大皇家安大略博物馆副馆长沈辰在其论文《金村传说：怀履光与洛阳文物之谜》中提到："因为身处中原文明发源地中心，加上河南主教的身份，怀履光开始寻找和利用一切机会为博物馆收藏文物。和传教一样，在收藏方面他同样取得了巨大成功。利用自己在河南各地的下级教士关系网和古董商朋友圈，怀履光有机会最先得到各地新出文物。"金村出土文物的所有消息怀履光当然都不会放过，他捷足先登，可以说加拿大皇家安大略博物馆搜集的金村文物绝大部分来自他之手。

1930年2月4日，怀履光在给柯雷利馆长的秘书格林威小姐的信中，告知从开封邮寄了一批文物至加拿大，首次向馆方汇报这批金村文物的来源：

这些文物大约是在（1929年）2月16日收购的。由于这里内战，造成邮政包裹投递地址的错误，导致这批货物的寄出耽误了一段时间……这几件（编号96~98）文物是来自于洛阳故都的一个遗址，那里离今天的洛阳（河南府）大约有三英里（约合4.8千米）。

信中提到的"这几件文物"包括 1 件青铜跪坐人像、5 件鎏金青铜车马器和一对青铜承弓器，其中怀履光尤其推荐青铜跪坐人像。当听说同一坑中还出土有两三件类似铜像时，他毫不犹豫地又买下了一件，并在另一封给博物馆的信中写道：

> 又有一件此类青铜跪坐人像文物出现了，我必须马上做决定，来不及等你们的电报答复了……这的确是精美无比的艺术品，我一看到它就有志在必得的想法……至于出土的信息，它是几个星期前从洛阳故都的那个遗址中出土的。

◇ 青铜跪坐人像，加拿大皇家安大略博物馆藏

这件青铜跪坐人像确如怀履光所称"精美无比"，堪称金村文物的稀世杰作。人物呈半跪坐状，双手向前在胸前合拢，握一圆筒，身上所系腰带上的琵琶形带钩精致工丽，整体造型生动古朴，耐人寻味。关于这件青铜跪坐人像，推测是器物底座，很可能是灯座。

怀履光对金村大墓的盗掘行为持满不在乎的态度，曾说过："至于那些盗墓者是否会有麻烦，我想不会吧？因为当地军阀部队和政府官员都有涉足。再说了，我也不在乎。"怀履光寻找和利用一切机会，要买下所有金村出土文物，这在当时是公开的秘密。因此，他总是能够及时获得出土文物的新消息，并从古董商、文物掮客那里得到满意的收获。

各种资料包括怀履光自己的著述显示，从 1925 年至 1934 年间，怀履光为皇家安大略博物馆搜购了 8 000 多件中国文物。据皇家安大略博物馆近年来统计，其中属于金村文物的有多达 1 182 件登记在册。十年左右的时间，在怀履光等中外文物代理人、掮客的推动下，这些珍贵的金村文物被一扫而空。

1930 年国民政府公布了第一部《古物保存法》，一年后《古物保存法施行细则》颁布实施，对考古发掘、文物出口等做出了规定，凡未取得政府主管部门的批准同意，将文物贩运出中国都是不合法的。中国的古董市场迅速萎缩，文物交易数量骤减，文物出口也受到限制。由此，宣告了贩卖金村文物出口的"黄金时代"的结束。

1933 年 8 月，怀履光写信给柯雷利馆长，表示决定退出为皇家安大略博物馆搜集文物的活动，他心情颇为复杂地写道："现在能为博物馆做更多收藏的机会已经结束了。"1934 年 3 月，怀履光从上海搭乘邮轮回到了加拿大。

三

当时，金村东周大墓出土文物的消息不胫而走，暗流涌动，吸引了不少古董掮客奔向这个小小的村庄，其中包括不少外国代理人，怀履光不是唯一的一位，例如还有瑞典背景的欧法·卡尔伯克，日本背景的山中商会，以及跨国公司卢吴公司的卢芹斋，等等。由此造成大量金村文物流入西方各大博物馆和私人收藏家手里。

金村出土文物达数千件，目前还有不少不知所终，怀履光所著《洛阳古（故）城古墓考》，梅原末治的《洛阳金村古墓聚英》，只是收录

◇ 骉氏编钟，加拿大皇家安大略博物馆藏（2 件）

了全部出土文物的一部分。现在可明确收藏有金村出土文物的机构有：
加拿大的皇家安大略博物馆，美国的哈佛大学艺术博物馆、纽约大都
会艺术博物馆、纳尔逊 – 阿特金斯艺术博物馆、弗利尔美术馆、芝加
哥艺术中心，瑞典的国立博物馆，日本的永青文库、泉屋博古馆等。

例如 1928 年金村大墓出土的战国骉氏编钟，此套编钟共 14 件，
2 件现收藏于加拿大皇家安大略博物馆，其余 12 件都藏于日本泉屋博
古馆。由铭文可知，此套编钟的铸造年代为东周威烈王二十二年，器
主为晋国的一个将领"骉"，他在一次伐齐的战争中，由于作战勇敢，
率先攻入敌国，受到了国君的奖励。此套编钟成套出土，完整无损，
弥足珍贵。

美国弗利尔美术馆收藏的错金银龙纹铜镜，在纽座与边缘之间錾
刻有 6 条缠绕的虺龙，龙体上镶嵌金银花纹。嵌入的金银丝线细如毫发，

◇ 错金银龙纹铜镜，美国弗利尔美术馆藏

◇ 绞丝龙形玉佩，美国纽约大都会艺术博物馆藏

工艺极为精致，可谓巧夺天工。

　　美国纽约大都会艺术博物馆收藏的绞丝龙形玉佩，以青色玉雕刻成夔龙，首尾相接成一环形。夔龙张口露齿，头上有角，身刻绞丝纹。构思奇特，神态生动，为古代玉雕佩件中的佳作。

　　美国哈佛大学艺术博物馆收藏的一件玉带钩，青色，局部有褐色浸痕，更显古雅。此件玉带钩呈琵琶形，兽首，底部有一钩纽，背部雕刻纹饰。春秋战国时期，玉带钩形制已具备钩首、钩身、钩纽三个部分结构。这是因为这时的衣着形制发生了重大变化，开始出现上衣和下裳联为一体的装束，精美的玉带钩为王公贵族所青睐，成为身份的象征，这为带钩的使用和流行带来了契机。

　　目前国内所藏金村出土文物仅存战国时期令狐君嗣子壶、金村大鼎和青铜尺3件，分别收藏于中国国家博物馆、洛阳博物馆和南京大学博物馆。令狐君嗣子壶传为1927年金村出土，直口短颈，有盖，盖

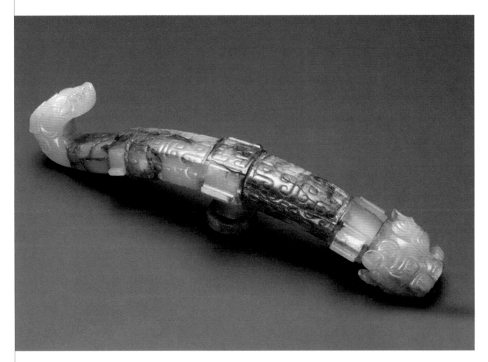

◇ 玉带钩，美国哈佛大学艺术博物馆藏

周镂空蟠螭纹莲瓣，器身环绕蟠螭纹五道。颈部有铭文50字，内容为令狐氏之嗣子铸壶的颂词。令狐在今山西临猗西南，战国时属韩国。此器原为卢芹斋所旧藏，著名青铜器专家陈梦家在欧洲考察时见到卢芹斋，提出清华大学正在筹建博物馆的事情，希望得到卢芹斋的赞助，并点名要这件令狐君嗣子壶，于是它被寄回中国归清华大学所有，后来调拨至中国国家博物馆。

◇ 令狐君嗣子壶，中国国家博物馆藏

下篇　海外中国文物珍品精选

报恩经变绢画

唐

绢本设色

纵 168cm，横 121.6cm

英国大英博物馆藏

敦煌遗珍

在佛教艺术中，用壁画或绢画的形式表现佛经故事的作品叫"经变"，即"佛经变相"的简称。此图正是《大方便佛报恩经》的变相绢画，故而被称为"报恩经变"。

这幅绢画主尊为释迦牟尼佛，双手结说法印（或称"转法轮印"），双脚跏趺而坐，左右分绘二位胁侍菩萨及阿难、迦叶二弟子。主尊下方有舞台，上有一舞伎踏足起舞，左右分别有二组乐伎伴奏。舞台下方有莲池，中央莲座上有一组佛陀与两位胁侍菩萨的组合。其中佛陀身着红色袈裟，肩上分别绘有日、月，胸部中央绘有须弥山，胸前左右分别绘站立的四臂神人及坐于鼎上的苦行外道（或大成就者）。绢画两侧边缘则绘须阇提太子本生故事等。

千手千眼观音像

唐

布面设色

纵 226cm，横 167cm

英国大英博物馆藏

　　千手观世音菩萨，又称十一面观音、千手千眼观音、千臂观世音菩萨等。取以千眼观照世间、千手护持众生之意。主尊从上至下共有十一面，最上一面是阿弥陀佛寂静相，代表佛部；其余几面分别代表羯磨部、宝部、金刚部、莲花部等。主尊双脚跏趺坐于五色莲台之上，身披黄金璎珞，佩项圈、耳饰、臂钏、手镯，千手各有一眼，并且手中持不同的法器，在主尊背后形成圆形的背光。观音菩萨周匝围绕着眷属菩萨、天王、天女、供养人及皈依的恶鬼、外道等。画中的诸天神佛均有长方形的榜题，作为人物形象的注释。

观音菩萨像

唐

布面设色

纵 77cm，横 48.9cm

英国大英博物馆藏

　　此件《观音菩萨像》为晚唐时期的作品，主尊高束发，头戴华丽的黄金宝冠，中央有阿弥陀佛寂静相，宝冠以丝带系住，披发垂于肩头。菩萨稳重庄严，上半身只披黄金璎珞、臂钏与绶带等，保留了印度的风格。下身着裙、裤，赤足立于莲台之上。一手捻竹叶于胸前，一手提宝瓶。色彩浓丽，线条流畅，服饰之上有色彩晕染，似受到西域绘画的影响。主尊左右有佛弟子及供养人形象，皆有长方形榜题加以说明。

剪纸

唐

纸本

尺寸各异

英国大英博物馆藏

　　剪纸起源于汉代，南北朝时期普及于民间，梁简文帝萧纲在其《雪里觅梅花诗》中云："定须还剪彩，学作两三枝。"隋代，以奢靡著称的隋炀帝把"剪彩"大力发展起来，《大业拾遗记》所载："炀帝筑西苑，宫树秋冬凋落，乃剪彩花叶缀于条。"到了唐代，随着造纸技术的发展，纸张的种类及用途也得到了丰富和发展。以彩纸替代贵重的绢帛作为装饰，可以看作是一种时代的进步。同时，在唐代也有剪纸"招魂"的民间习俗，杜甫在《彭衙行》中道："暖汤濯我足，剪纸招我魂。"李白诗句中有"吴刀剪彩缝舞衣"，刘宪诗中也有"剪花疑始发，刻燕似新窥"句。可见在唐代，祭祀、庆典、民间活动等都有剪纸的身影，它们不仅造型多样，而且生动精妙，具有很高的艺术水平。图中所展示的是敦煌珍宝中的几款花式剪纸，可以窥见唐代剪纸遗风。

幡画

五代

布面设色

纵 108.5cm，横 17cm

英国大英博物馆藏

　　幡是一种竖直悬挂的长幅旗帜，为仪仗或指挥使用。此图为佛寺所有，是为幢幡。上部有呈三角形的幡头，中间绘赤足立于莲台之上的菩萨，幡边、尾均有不同程度的残缺，最下端的坠板遗失。菩萨双手合十，目光向前，身着天衣，配饰简单，设色仅为墨线与浅朱砂，裸露的肌肤有晕染，带有西域绘画的风格特征。

花鸟纹纺织品

五代

丝绸刺绣

纵 31cm，横 18cm

英国大英博物馆藏

此图为敦煌藏品中五代时期
的丝绸织物残片，深绿色绸绢上
绣飞鸟、花卉、梅花鹿等。唐代
以降，刺绣的工艺、针法水平日
益精良。图上可见多种绣法，有
平针绣、长针绣及戗针绣等。随
着绘画水平以及绘画题材、范围
的扩大，刺绣工艺也相应发展。
这件织品与工笔花鸟画采用相同
的表现手法，以分色戗针绣法将
花、叶的深浅变化展现出来。配
色考究，艳而不俗。

大随求陀罗尼轮曼荼罗

北宋

纸本版画

纵 41.7cm，横 30.3cm

英国大英博物馆藏

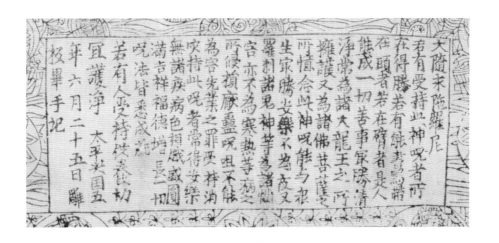

唐及五代时期，佛经的大量刊印，促使了版画的萌芽。北宋初期的版画，继承了前朝，在题材方面还是以宗教为主。此件版画藏品为北宋王文沼于太平兴国五年（980）刊雕的《大随求陀罗尼轮曼荼罗》。曼荼罗是梵语的音译，也作曼陀罗，意为"坛城"，是以圆形的图案对佛教世界进行描述。版画中心的主尊为大随求佛母，其身八臂各持法器，经咒如佛光般放射。经文外圈有莲花、经幡、水纹、双金刚杵等装饰纹样。图下方框中有发愿表文，两侧雕有二天王。另有汉字"施主李知顺"和"王文沼雕板"等，可知供养人的姓名及此版画的原作者。这是迄今发现的图像及文字最为丰富且保存较为完整的敦煌文物。

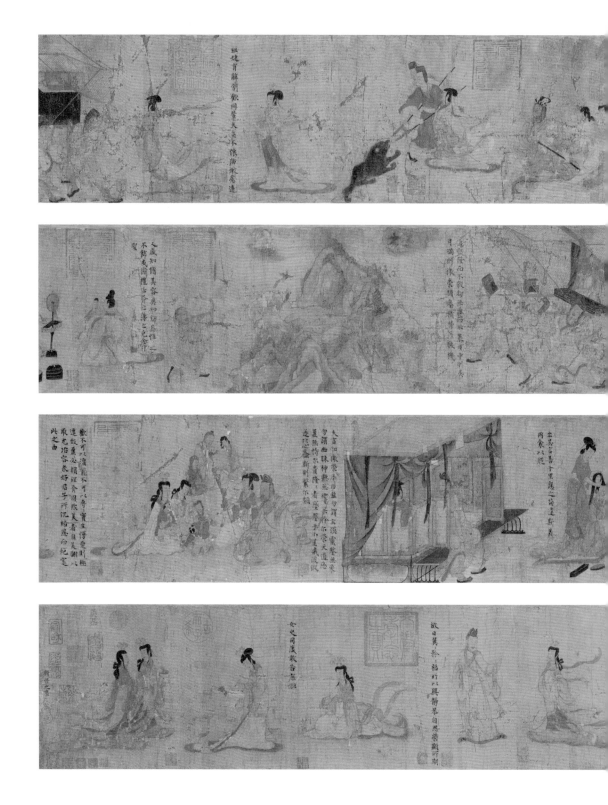

女史箴图

东晋·顾恺之
绢本设色
纵 24.4cm，横 343.8cm
英国大英博物馆藏

书画

　　顾恺之，东晋杰出画家、绘画理论家。擅诗赋、书法，尤擅绘画，世人称其三绝：画绝、才绝、痴绝。绘画上与曹不兴、陆探微、张僧繇合称"六朝四大家"。其"传神写照""迁想妙得"等绘画理论，一直影响着中国传统人物绘画的审美标准。

　　《女史箴图》是顾恺之根据西晋张华的《女史箴》一文所绘，原文共十二节，300余字，讲述了当时的女性应该有的操守与品德。"女史"是宫廷女官的代称，"箴"是一种规诫性的文体。而顾恺之的《女史箴图》则可以看作《女史箴》的"绘画版"。原画佚失，此图为唐摹本，原为清宫旧藏，1900年的"庚子之变"中，八国联军攻入圆明园，此图为英军所掠，后又因保护不当，现只剩九段，分别是：冯姬挡熊、班婕辞辇、山水寓理、修容饰性、同衾以疑、家族欢聚、爱极则迁、静恭自思、女史司箴。虽为摹本，但其笔毫之间行云流水，将顾氏擅用的"高古游丝描"摹写得极为精妙，线条连绵流畅，如春云浮空。刻画的人物情态细腻生动，正得"传神写照"之功。此幅手卷图像配合箴言文字，将东晋时期人物绘画中"成教化，助人伦"这一类的教化功能展露无遗。

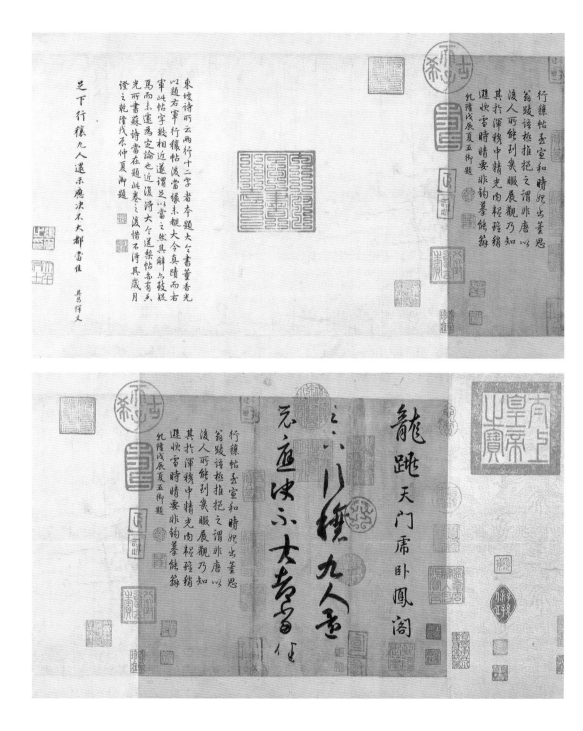

行禳帖乃宣和時紀出董思
翁跋誇搨推挹之謂非唐以
後人所能到矣賺展觀乃知
其拆渾穆中精光肉輕弬鬈
邁快雪時晴要非鈎摹能辦
乾隆戊辰夏五御題

東坡詩所云兩行十二字者本題大令書董香光
以題右軍行禳帖後當緣未觀大令真蹟而右
軍此帖字數相近遂謂之以當之然其辭气殺殺
焉而未遠為空論也近後浮大令送梨帖希有矣
光所書蘇詩當在題此卷之後惜不浮其歲月
證之乾隆戊辰仲夏御題

芝下行禳九人遠示應次不大都當住
　　　　　其昌釋文

龍跳天門虎卧鳳閣
元庭決不大吉當住
九人遠

行穰帖

东晋·王羲之

纸本

纵 24.4cm，横 8.9cm（全幅纵 30cm，横 372cm）

美国普林斯顿大学美术馆藏

　　王羲之，字逸少，琅琊临沂（今山东临沂）人，居会稽山阴（今浙江绍兴），东晋书法家。出身名门，官至右军将军、会稽内史，故称"王右军"。其书法自出机杼，遒媚劲健，千变万化，而体势自然。因而王羲之有"书圣"之美誉，所书《兰亭序》被称为"天下第一行书"。晋代的书法其行、楷、草（书）诸体经"二王"父子之手，达到了新的境界。因此王羲之也被誉为中国书法史上影响最大的书法家之一。

　　《行穰帖》为王羲之的草书佳作，作品虽仅有两行，却给人以不激不厉、闲行舒缓之感。篇中每个字的处理都极为精妙。上下之字虽多不相连，但气息、动静相合。同时，此作品的笔画浑圆遒劲，具有篆籀笔意，韵味酣足。尤为难得的是其墨气清淳，虽仅有 15 字，却似有逸气拂之不去。

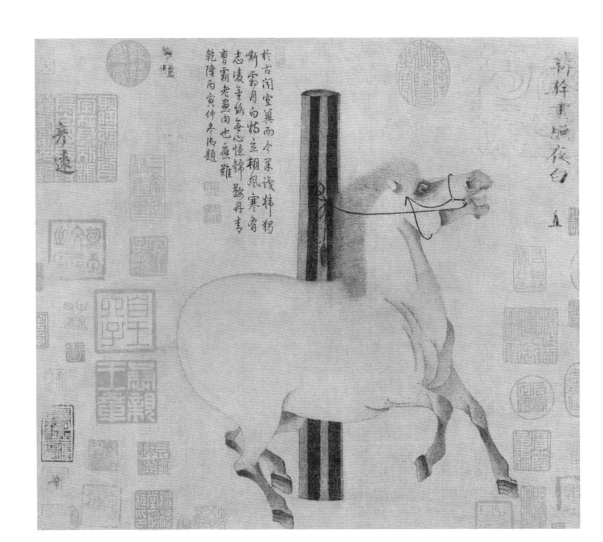

照夜白图

唐·韩幹

纸本水墨

纵 30.8cm，横 34cm

美国纽约大都会艺术博物馆藏

　　韩幹，唐代画家，善绘人物、花鸟、鬼神，尤工鞍马，唐玄宗年间被召入宫，封为"供奉"。《宣和画谱》著录其画作有《内厩御马图》《文皇龙马图》等。

　　此图中的宝马是唐天宝年间唐玄宗李隆基最喜爱的马，名曰"照夜白"。图中"照夜白"被拴在马桩之上，昂首做嘶鸣状，奋蹄欲奔。画家以传神的笔墨将马匹的膘肥体健用富有弹性的线条勾勒，晕染不多，却处处突显出马匹毛发的光泽。宋人董逌在其《广川画跋》中说："世传韩幹凡作马，必考时日，面方位，然后定形骨毛色。"足见韩幹重视写生、坚持以真马为师的作画方针。据考，"照夜白"的头、颈、前身为韩幹真迹，而后半身为补笔，马尾不存。图上"韩幹画照夜白"是南唐后主李煜所题。

重屏会棋图

五代·周文矩

绢本设色

纵 31.3cm，横 50cm

美国弗利尔美术馆藏

此图前景中有四人围坐屏前会棋，旁有一书童侧立，室内场景中有诸多物什，如长榻、屏风、漆柜、箱笼、投壶、锦盒等。据考证，画面居中戴高帽者为南唐元宗李璟，他曾因喜爱下棋而误了国事。作品的有趣之处在于，画中的屏风之上也绘有三联通景屏风，其内室中男主人侧卧于床榻，四名女子在一旁服侍。通过屏风等物造成一种空间元素的重合，画中有画，丰富了视觉。周氏的原画已经不复存在了，传世的一幅宋代摹本藏于故宫博物院，此件为另一幅，传为明代的摹本，藏于美国弗利尔美术馆。虽为摹本，但绘者用笔精妙，将周文矩擅绘的"战（颤）笔描"勾勒得挺健且顿挫得宜，足见功力。

寒林重汀图

五代·董源
绢本水墨
纵 180cm，横 115.6cm
日本黑川古文化研究所藏

　　董源，南唐中主时任北苑使，故后世称"董北苑"。其后五代画家巨然继其衣钵，并称"董巨"。《宣和画谱》著录董源作品甚多，但传世无几，多为摹本。董源山水多作江南景色，幽旷平和，开南派山水之风。

　　此幅《寒林重汀图》为绢本淡墨山水画，以焦墨、渴笔入画，结合披麻皴、鹿角皴等绘出丘山、坡石、汀渚、寒林等物的背阴面，再用淡墨或局部直接留白的方式表现景物的向阳面，使得墨色深浅分明，虚实相生。宋代米芾在其《画史》中曾言："董源平淡天真……溪桥渔浦，洲渚掩映，一片江南也。"此评价与画面中溪水蜿蜒、洲渚幽深、寒林枯木所传达的江南冬景的萧瑟清冷之气相合。丘山与汀渚环抱之间，依稀可见茅舍与挑夫，于萧索之间平添生趣。诗堂之上有董其昌题"魏府收藏董元画天下第一"，但图本身并无款识，画面右上钤"宣文阁宝"（元顺帝印），可知此图曾为元代内府收藏。

溪山兰若图

五代·巨然（传）

绢本水墨

纵 185.4cm，横 56.1cm

美国克利夫兰美术馆藏

巨然，生卒年不详，五代画家，僧人。擅画山水，师法董源。

这幅《溪山兰若图》只于右上角有模糊的"巨五"二字，也未见巨然款印，无法直接断定是巨然所绘。但观笔墨气势，山体确有巨然擅用的长披麻皴，墨色苍润且清丽朦胧，林木挺秀，层次分明，别具韵味。宋徽宗内臣奉敕编撰的《宣和画谱》曾有著录巨然所绘《溪山兰若图》共六卷，不知此幅是否为其一。清初天津鉴藏家安岐曾在《墨缘汇观》中分析此卷道："此图右上首有巨五编号，必是屏障第五。"因其字漫漶，故无法确定安岐的判断是否正确，但如果其上文字确为"巨五"，是否便是《宣和画谱》中巨然的六屏山水中的第五屏？此作是否为"失群"之作？结论待考。

晴岚萧寺图

北宋·李成

绢本

纵 111.8cm，横 55.9cm

美国纳尔逊－阿特金斯艺术博物馆藏

　　李成，京兆长安（今陕西西安）人，五代宋初画家，与董源、范宽并称为"北宋三大家"。擅长山水画，师承荆浩、关仝，喜欢画郊野平远旷阔的风景，自成一家。其绘山石，如卷动的云，人称"卷云皴"。绘平远寒林，画法简练，气象萧疏，好用淡墨，"惜墨如金"，并开创"蟹爪"法，对于山水画的发展有重大影响。

　　此图画远近三座高峰，主峰高耸居于画面正中，山中飞瀑直下汇流成溪，延伸到画面近景。中景处，有与主峰相照应的"案山"，在主峰与"案山"之间的"吉壤"之上，绘有古寺、亭阁。前景处板桥凝霜，路转峰回，坡石寒柯以浓墨施染，层叠勾勒，与平缓的流水形成对比。虬曲如"蟹爪"的寒林枝丫与平直的萧寺在节奏上形成呼应。整体构图严谨，笔法苍劲有力。北宋时期的画作基本上是无题的，"晴岚萧寺"是后人根据画面的内容和感受冠名之。

庭前春酒之内
必能捣恋之如
土本夜黯麻
為湯以戊丁
陶甫上一之寺
夫故入れ宮
益丁お法み
草子お方増人
帅る湯宝太之
螺篌其文掃
态又上時子芝

秋風座風之
宝祀巨已之
其人遠道之之
尼以与味は
為砇已掃包之大
小里
庭帆法大里深
末子之事樣
必之引泛え
祇它勿之れ夷
蜜各之末

草书《廉颇蔺相如传》（局部）

北宋 · 黄庭坚

纸本横 33.7cm，纵 1840.2cm

美国纽约大都会艺术博物馆藏

　　黄庭坚，北宋著名文学家、书法家，与苏轼、米芾、蔡襄合称"宋四家"。其楷书、行书造诣颇深，且草书独树一帜。其草书上承张旭、怀素、高闲，下启祝允明、王铎，对后世的影响深远。

　　此幅《廉颇蔺相如传》是黄庭坚大放异彩的长卷草书代表作品，是其 57 岁时所作。作品用笔圆劲，笔势连绵，并以丰富多样的掠笔、带笔、蹲笔和独特的颤笔连用，使笔画极富振荡、跳跃的韵律之美。作品通篇首尾连贯，笔法精良，一气呵成，气势磅礴又飘逸洒脱。黄庭坚的草书作品与前人的风格不同之处在于其放慢了书写速度，同时加强了顿挫。在空间布局上突出了用笔的收放和大开大合的处理。他于理性之下的笔墨挥洒，使其草书比唐人多了一些从容娴雅，开创了一种新境界。

雪景山水图

南宋·梁楷

绢本设色

纵 110.3cm，横 49.7cm

日本东京国立博物馆藏

梁楷，流寓钱塘（今浙江杭州），南宋画家，善画山水、佛道等。好饮酒，酒后不拘礼法，人称"梁风（疯）子"。

此件《雪景山水图》左下方有小字"梁楷"款，笔画规整，属其早年风格。画面整体为南宋院体山水中的对角线构图，远景淡墨罩染；中景呈现交叉重叠的山体脉络，用斧劈皴勾勒出山体的气势和空间的深度；前景以浓墨谨严地绘写树丛，配以寥寥数笔勾画的坡脚。中景和前景之间留有大量空白，更增加了空间的纵深感，营造出荒寒的气氛。空白处的雪地上细绘一人一骑，设色明艳，与背景的寒林和山体等形成对比。元代夏文彦在其著作《图绘宝鉴》中曾曰："梁楷，东平相义之后……院人见其精妙之笔，无不敬伏，但传于世者皆草草，谓之减笔。"观此画中笔法也确较其他南宋院画家不同，独具韵味。

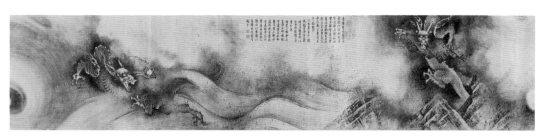

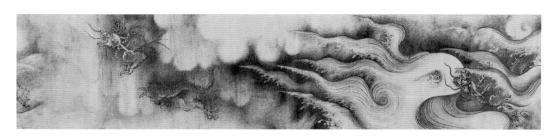

九龙图

南宋 · 陈容
纸本水墨
纵 46.2cm，横 958.4cm
美国波士顿美术馆藏

陈容，端平二年（1235）进士，国子监主簿，曾入贾似道幕中，善画墨龙，笔法精妙。

龙是中华民族的古老图腾，是预兆丰年和象征尊贵的祥瑞，对龙的崇拜与敬仰，体现了上古先民对神秘自然力（云雷、闪电、雨雪、节气、四时变化等）的崇拜。龙的形象在中华大地上无疑是最具特色的人文符号之一，对于它的描绘永远充满无尽的想象，无论是在文学还是艺术创作中，人们总是用各种各样的手段试图烘托这一奇幻符号的神秘色彩与氛围。《九龙图》中所绘的九条龙分置于云雾与潮水当中，神态、动势各异。如同《管子 · 水地》中所描绘的"欲上则凌于云气，欲下则入于深泉"，或凌空飞动，或水中翻腾，或半隐入云，或伏卧休憩。用笔线条迅疾有力，用墨虚实相生，画面气韵生动，气势恢宏。

林麓幽居图

元·王蒙

纸本设色

纵 177.8cm，横 64.2cm

美国芝加哥艺术中心藏

王蒙，元末明初画家。与黄公望、吴镇、倪瓒合称"元四家"。山水画受赵孟頫影响，师王维、董源、巨然等人，融合诸家并创造出自我的新风格。

此幅《林麓幽居图》立轴，根据题款"林麓幽居。至正辛丑三月十日，王蒙画"可知，作画时间为公元1361年，钤有王蒙（朱文）、叔明（朱文）两方自用印，边角处有王氏季迁珍藏印（朱文）等收藏印，诗堂处另有吴湖帆题"元王叔明林麓幽居图"。又题："劲健畅发在《丹台春晓》《林泉清集》之右。戊寅（1938）吴湖帆题。"其中《丹台春晓》《林泉清集》皆是王蒙非常具有代表性的山水画作，可见吴氏对此幅《林麓幽居图》的评价之高。王蒙的山水画笔触以繁密见胜，画中山峦层叠，山石多用解索皴和牛毛皴体现其向背和体量感。在遒松茂树的掩映之下，见一茅舍，其主人临流抚琴，旁有童子捧书，室有幽兰，案有古玩，绘出了山林幽居的畅然之境。

草书《北地冬游诗》扇面

明·祝允明

纸本

纵 19.1cm，横 49.5cm

美国纽约大都会艺术博物馆藏

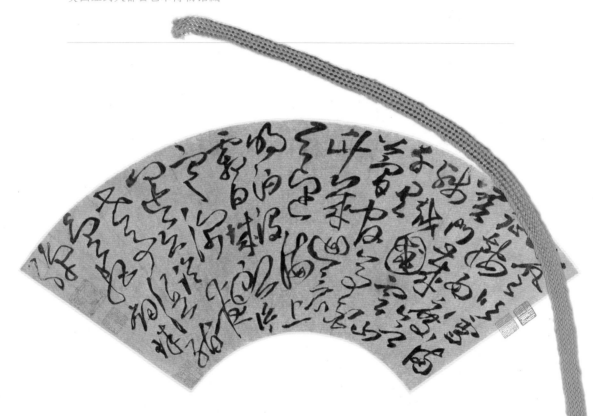

祝允明，明代著名书法家，擅诗文，尤工书法，名动海内。其书法泛学魏晋唐宋诸家，楷书精谨有法度，行书遒婉自然，草书风骨烂漫，纵横奔放。

此扇面所书为明人陈鹤的一首《宿莫水部官署答蒋南泠张瓯江见过》七言律诗："北风吹雪满征鞍，西度关门岁欲残。越国云山千里梦，官亭花竹几回看。天连海上明河没，霜白城头片月寒。深夜逢君论世事，酒酣重把剑珠弹。"祝允明的草书是由张旭、怀素及黄庭坚的书风发展而来，结字注重笔势奇巧狂纵，运笔如疾风骤雨，满纸龙蛇，具有独特的个人风貌。

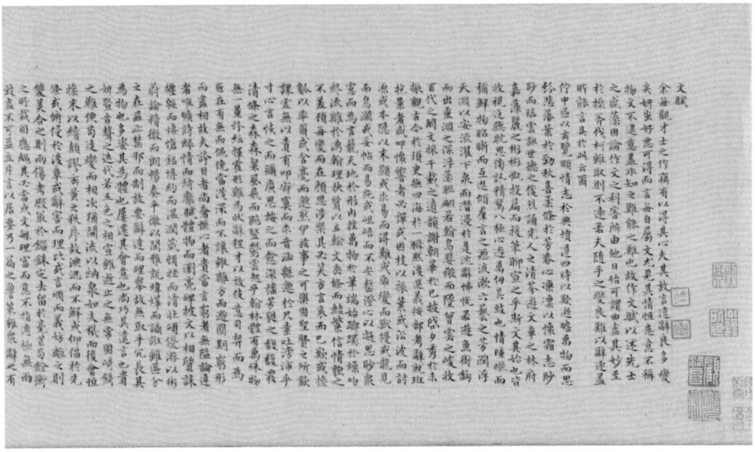
文賦

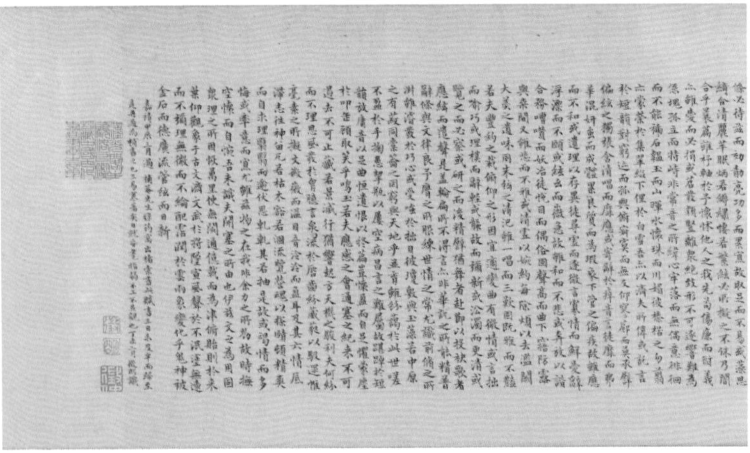

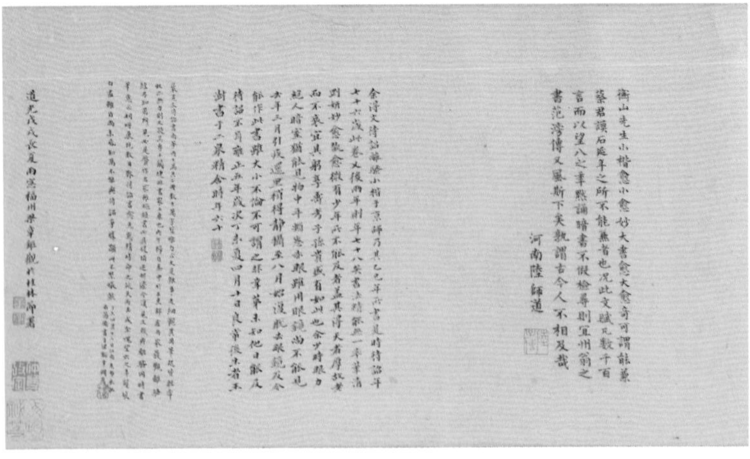
河南陸師道

小楷书《文赋》

明 · 文徵明

纸本

纵 23cm，横 117.8cm

美国纽约大都会艺术博物馆藏

　　文徵明，诗、文、书、画无一不精，人称"四绝"。在画史上与沈周、唐寅、仇英合称"明四家"。在文学史上，又与祝允明、唐寅、徐祯卿并称"吴中四才子"。

　　《文赋》是晋代陆机的文艺理论作品，系统地探讨了文学创作的问题。这件书法是文徵明的小楷佳作。作品的气息文静秀雅，同时又端庄质朴，用笔精美细腻又刚健挺拔，通篇一气呵成，韵味醇厚。从这幅小楷中可以看到他对钟繇、"二王"书风的继承，同时又能发展出自己的书风，足见其深厚的底蕴。

肯构肯堂图

明·唐寅（款）

绢本设色

纵 152.5cm，横 81cm

法国赛努奇博物馆藏

　　唐寅，字伯虎，号六如居士、桃花庵主、鲁国唐生、逃禅仙吏等，明代著名画家、书法家、诗人。唐寅的绘画布局疏朗，笔墨雅秀。

　　"肯构肯堂"一词出自《尚书·大诰》："以作室喻治政也。父已致法，子乃不肯为堂基，况肯构立屋乎？"后人引申为以修缮房屋比喻子承父业。而此画亦是从图像阐释了"肯构肯堂"的吉祥寓意。这幅唐寅款的《肯构肯堂图》是 1928 年被收藏在赛努奇博物馆的，博物馆的研究人员认为此画当属于 18 世纪（清代）的旧仿。之所以托为唐寅之名，是因为其画面的表现方式与明人绘画相似，尤其是这种偏世俗化的绘画题材与当时的风尚较为契合；同时，在绘画的一些笔墨细节的处理上也和唐寅有相近之处。

汉宫春晓图

清·袁江

绢本水墨

纵 165cm，横 99cm

美国芝加哥艺术中心藏

　　袁江，清初画家，善界画（中国绘画门类之一，作画时用界尺引线），犹长于山水楼阁，技艺精湛，色彩典丽，与另一位清代画家袁耀并称"二袁"。

　　"汉宫春晓"为绘画中的传统题材，目的是借皇家殿庑之气势，绘后宫嫔妃佳丽的生活百态。这里所言的"汉宫"也并非特指汉代宫廷，而是泛指。此幅《汉宫春晓图》是具有袁江代表性风格的作品，根据画上题款"丁酉长至，邗上袁江"，可知此画绘于公元 1717 年，是其晚年成熟期的作品。画中远景为雄壮的山体，以硬朗的笔墨处理山石，同时以青绿色罩染，刚柔相济，颇有南宋画家阎次平的山水意境；中景处以界画手法绘殿宇、楼阁、回廊等，建筑群中又时有人物穿插其中，显得富丽堂皇，气势恢宏又细致入微；近景的春树、太湖石、清溪等与整体画面完美相融，犹以太湖石的笔法即袁江标志性的"鬼面皴"为精彩之处。这件作品完美地诠释了界画的魅力，展示了袁江的绘画功力。

陶鬶

新石器时代

高 30.8cm，宽 15.2cm，深 15.2cm

美国纽约大都会艺术博物馆藏

陶瓷

　　鬶（guī）是古代的一种器型，有柄和三只空心的短足。《说文解字》中有载：
"鬶，三足釜也，有柄喙。"陶鬶能用于炖煮汤羹或盛酒，既可以当炊具又可
以做饮器，主要流行于新石器时代的大汶口文化中期。大汶口文化广泛分布于
黄河下游一带，因其考古发掘于山东省泰安市大汶口镇遗址而得名，为龙山文
化的源头。此器通体未施彩绘，三袋足，腹大中空，其上有凸起的绳纹，长流
如鸟喙。上有修复痕迹。

黑陶高足杯

新石器时代

高 22.7cm，最大直径 8.4cm

美国明尼阿波利斯艺术中心藏

龙山文化，泛指中国黄河中下游地区约新石器时代晚期的一类文化遗存，属铜石并用时代文化。因发现于山东省济南市龙山镇而得名，源自大汶口文化，距今约 4000—4500 年。龙山文化的特征之一就是制作黑陶。通过考古可以知道，龙山文化的陶器制作工艺由于普遍使用轮制技术而得到了巨大的进步。

此件黑陶高足杯属于山东龙山文化中非常典型的文物遗存类型。其杯器型规整，器壁厚度均匀。在黑陶中，这种以细泥烧制的陶器，出窑之后稍事打磨便乌黑油亮，胎体又轻薄，故而被称为"蛋壳黑陶"。此杯中部采用镂空的设计，反映了当时高度发展的制陶技术水平，同时也体现了先民的智慧和创造力。

小口尖底瓶

新石器时代

高 31.75cm

英国大英博物馆藏

　　仰韶文化期，是黄河中游广泛地区的文明期，属于新石器时代，因首次在河南省三门峡市渑池县仰韶村发现而得名。此件器物为新石器时代仰韶文化极为典型的酒器之一，其小口、尖底、长腹、双耳，腹部有篦刻的纹样。陶质呈橘色，因考古中曾在此类尖底瓶的底部发现有酒的残留，故而判断其为原始酒器。另有一说，其为汲水器，因其尖底，双系又在腰部靠下的位置，故而将其放入河中会自动汲水，及至瓶满，其尖底也便于回到部落之后将其插入土中放置。

黑陶涡纹双耳壶

战国

高 16.8cm，宽 16.4cm

法国赛努奇博物馆藏

　　陶器是用陶土捏制或者拉坯工艺成型后，阴干再烧制而成的器物，在旧石器时代晚期的遗址中就有遗存。早在新石器时代就有灰陶、红陶、白陶、彩陶和黑陶等不同的工艺和分类。

　　此件黑陶涡纹双耳壶制作年代为战国，器型为对称双耳造型，壶腹部刻有双层涡纹，双耳从口沿处一直到腹部，与底部自然过渡连接，壶颈部有细密的篦梳纹。整体造型流畅简洁，胎体为黄黑色。此类平底双耳壶主要分布于川、藏、滇相邻的地区，制作年代跨度从夏商至秦汉，有研究表明此种器物多为四川西部羌族地区的礼器，于祭祀中使用。

陶鹅

西汉
高 33cm，长 48cm
法国赛努奇博物馆藏

中国的彩陶艺术历史悠久，早在半坡文化期，我们就在陶器上发现了最早的彩绘。彩陶是指在塑型、打磨好的陶坯上，用天然矿物质颜料描绘，后入窑烧制。在器物的胎体上呈现出黑、赭、红、黄、白等颜色图案，达到装饰器物的效果。汉代在"事死如事生"的观念影响下，尤其西汉时期，厚葬之风盛行。此时的彩绘陶器大多数为明器，其作用就是陪葬。

此件器物为泥质黑灰陶，整体造型为一只卧态的鹅。鹅头与翅膀绘黄彩，鹅颈以红、白、黄等色绘类似云气的花纹，翅膀上以白色短直线代表翎毛的纹理。鹅头上有一中空的结构，推测此陶鹅或为灯盏之类的底座。

温酒樽

西汉

高 19cm，宽 11.3cm

法国赛努奇博物馆藏

在汉代，储酒器为瓮或壶，而盛酒器则是一种桶形或者类似盆形的器物，名"樽"。而温酒樽其名中的"温"，并不是指此器物有加热、使酒温暖的意思，而是"醖"的假借字。醖，通"酝"，原意就是发酵、酿酒。温酒樽的意思就是用来盛放美酒的器物。

此件温酒樽主体如矮桶状，上绘红、黑两种颜色的花纹，短足支撑。尤为有趣的是其上有两位束发舞者，同时双手撑在器物边缘，双脚一前一后腾空倒立，似做杂耍状。可以看到出土的铜质温酒樽并无此类装饰，而是实际用作盛酒的器皿。因而此件作为陪葬品的陶质彩绘温酒樽，或可反映汉代宴乐生活的场景。

陶仓楼
东汉
尺寸不详
美国明尼阿波利斯艺术中心藏

　　陶仓楼是东汉时期一种表现建筑题材的明器。汉代是我国古代木结构建筑艺术发展的第一个高峰，但由于战火和木结构本身不利于保存等种种原因，汉代的地面建筑已然不复存在了。陶仓楼作为一种特殊的建筑明器，准确清晰地将人们生前居住的房屋、楼阁、院落等制作为模型陪葬，不仅有着很高的艺术价值，同时也有极高的文献"样本"价值。

　　此陶仓楼楼体分为四层，另附院落。楼体上隔窗、斗拱的结构清晰可见，表达了人们"事死如事生"的美好愿望。

陶仓楼

东汉

高 86cm，宽 36cm

英国大英博物馆藏

　　此件器物为三层陶仓楼，其中不仅有建筑，还有人物和各种动物，反映了汉代人们对仓廪殷实的美好愿景。建筑檐头的瓦当以及飞檐之上写实的柿蒂纹等细节丰富。

魂瓶

西晋

高 45.4cm，最大直径 30.3cm

美国纽约大都会艺术博物馆藏

魂瓶又名"谷仓罐""堆塑罐""坟米罐"，也称"魂魄瓶"，是中国古代随葬的一种明器，多流行于中国长江中下游地区，由汉代五联罐发展而来，是三国两晋时期特有的随葬品。魂瓶之内贮藏粮食，又称"五谷囊"，以其随葬，求往生者灵魂不至饥馑。

三国两晋墓葬中随葬的魂瓶多为青瓷，正如图中所示，瓶身通体施青釉，分上下两部分，下半部分造型简单，主要由青瓷缸加少量装饰贴塑构成；最烦琐的工艺体现在上半部分，由多层贴塑、堆塑、模印等手法塑型、烧制而成，且造型极其丰富，其中有亭台楼阁、生灵六畜及各种人物形象，体现了超高的工艺水准。

黑釉蓝斑罐

唐

高 27cm，最大直径 14.3cm

法国赛努奇博物馆藏

　　唐代烧制陶瓷的技术和工艺不断改善进步，窑内的温度也不断提高，并能加以控制。唐代的黑釉色彩厚重，后敷上的其他釉彩在一定温度的催化之下，会发生流动、渗化和融合的效果，从而产生窑变。

　　此壶器型丰硕，胎底为灰色，上施黑釉，罐体下部和底部为素底。黑釉之上有蓝白花色的釉彩，由于高温呈垂流状，在罐体的上半部表现出蓝色的斑点和条索的窑变，颇有装饰韵味。此罐整体造型简洁大方，釉彩质朴而凝丽，窑变的釉彩缥缈浑融，尽显大唐风韵。

白瓷凤首瓶

唐

高 30.5cm，最大直径 17.2cm

美国明尼阿波利斯艺术中心藏

　　此件唐代白瓷凤首瓶，明显受到波斯金属器造型的影响，采用本土特有的制瓷工艺设计、烧造而成。当时作为舶来品的波斯金属制品本身价值不菲，再加上长途运输的费用，往往价格高昂。将其材料置换，不仅大大降低了成本，还焕发出了中西艺术结合的新艺术光芒。这件凤首瓶通体白釉，釉水莹润有光泽，壶盖设计为凤首状，褐色釉点睛，巧思之处在于瓶盖设计成凤首的上喙，与瓶口的结构相吻合，形成完整的凤喙。瓶身造型饱满，瓶底呈台座状，弥漫着异域风情。

越窑青瓷葵口碗
唐
高 4.1cm，口径 13.8cm
美国明尼阿波利斯艺术中心藏

　　越窑是唐代的第一名窑，陆龟蒙的一句"九秋风露越窑开，夺得千峰翠色来"，将越窑的青瓷之美千古传颂。唐代的越窑青中偏绿，釉水莹润。此对碗为葵口，浅腹，内壁浅饰花瓣纹，造型简洁，釉色纯净，具有极高的审美品位。中晚唐时期，越窑开始使用匣钵装烧工艺，使得器物的变形率、损坏率大大降低，可以更好地保留工匠们对于造型把握的细微之处，同时又可以采用轻薄的胎体做成精细的器具，既能满足日常的使用，又能迎合人们的审美需求。

耀州窑青瓷刻花牡丹纹瓶

北宋

高 16.8cm，最大直径 17.3cm

日本大阪市立东洋陶瓷美术馆藏

　　耀州窑，位于今陕西省铜川市黄堡镇，唐代著名的陶瓷产地，到宋代达到鼎盛，是北方青瓷的杰出代表，专为朝廷烧造"贡瓷"，属"宋代六大窑系"之一。元代以降逐渐没落，虽明清均有烧造，但不及前朝。

　　此件文物为青瓷刻花牡丹纹瓶，通体呈橄榄绿色，主体花纹可以看到明显的泥刀剔刻的痕迹，牡丹纹样之上有篦梳纹做装饰，潇洒自然。牡丹纹样周边装饰卷草纹，瓶肩和瓶下半部刻有二重莲瓣纹环绕一圈。剔刻之后再上青釉烧制，在划痕凹陷的部位会出现积青釉的情况，越发显得层次多样，生动且富有韵致。

定窑白瓷刻花莲花纹洗

北宋

高 12.1cm，口径 24.5cm

日本大阪市立东洋陶瓷美术馆藏

　　定窑，位于今河北省保定市曲阳县，此地唐宋时期属定州，故名定窑。始于唐朝，兴盛于宋朝，是继邢窑白瓷之后的又一大白瓷体系，属"宋代六大窑系"之一。定窑初为民窑，北宋中后期开始烧造宫廷用瓷，以白瓷著称，也被称为中国北方白瓷的中心。除白瓷外兼烧黑、酱、紫、绿等釉色。

　　此件白瓷莲花纹洗，釉色洁白，胎体匀薄，为防止烧制过程中产生变形，采用覆烧工艺，即碗口朝下烧制，所以在口沿处就没有施釉，出窑之后再镶银口。器物内外壁均以篦梳工具刻画莲花纹样，线条流畅生动，造型简洁大方。

定窑白釉瓷枕

北宋

高 15.8cm，长 21cm

美国旧金山亚洲艺术博物馆藏

　　中国古人非常喜爱瓷枕，认为其有"明目益睛，至老可读细书"之效，更是由于夏日溽热，以瓷为枕，清爽怡神。宋代此类孩儿枕尤为盛行，多以童子为主要形象，还有以荷叶与童子组合的形象。图中一童子屈腿侧卧于大荷叶下，手抱荷梗，目光朝向荷叶底部，仿佛正在用巨大的荷叶遮挡住炎炎日光。荷叶边缘翻卷，中心微凹，正好承托头部，设计巧妙，惟妙惟肖。童子与荷叶的结合，也充满天真的童趣。

汝窑盏托

北宋
通高 7.3cm，最大直径 16.5cm
英国大英博物馆藏

　　汝窑，其窑址位于今河南省汝州市张公巷和宝丰县大营镇清凉寺村，因宋时属河南汝州境而得名。在宋代五大名窑之中，汝窑位居榜首，在中国陶瓷史上有着"汝窑为魁"之誉，宋代以降皆为宫廷贡瓷，历来被内库珍藏。与宋代其他窑口相比，汝窑的釉色最为丰富，以青色为主要基调，诗中曾以"雨过天青"来形容汝窑的青色之美。汝窑的青釉色细分之下还有很多种，如粉青、豆青、卵青、葱青、蟹青、月白等。

　　宋人饮茶之风盛行，催生了茶具的多样化，增强了其丰富性。此件宋代汝窑盏托，胎体细润，造型古朴，是茶盏的配套附件。使用时，可将茶盏置于盏托中心的托口。托口呈碗状，有保温作用，下部至底足为中空。托沿为花叶状，美观且优雅。釉色为标准的天青色，汝窑有以玛瑙为釉的工艺，使得其釉彩闪烁着宝石般的光泽。

钧窑蓝釉紫斑胆瓶

北宋

高 29cm，最大直径 13cm

英国大英博物馆藏

钧窑，其窑址位于今河南省禹州市，因此地宋时称为钧州，故得名钧窑，宋代五大名窑之一，与定窑、汝窑、官窑、哥窑并称。钧窑以其"釉具五色"而闻名，因其梦幻的窑变色彩令世人沉醉。对于钧窑的釉彩有着"入窑一色，出窑万彩"之说，故而其价值也为时人所追捧。民间有俗语称"家财万贯，不如钧瓷一片"，从而证明钧窑瓷器的名贵。

此件器物为钧窑蓝釉紫斑胆瓶，其釉色为钧窑特有的窑变色，蓝釉为底，其上呈现紫、蓝灰、青莲等多彩，古人曾用"夕阳彩翠忽成岚"来形容钧窑的釉色变化的微妙之美。胆瓶，顾名思义，因其犹如悬胆而得名，长颈、削肩，瓶腹丰满，为花器，供插花赏玩。

建窑油滴茶盏

南宋

高 7.5cm，口径 12.2cm

日本大阪市立东洋陶瓷美术馆藏

　　建窑，因位于福建建安（后迁至建阳）而得名，始烧于晚唐，成熟、鼎盛于宋代，历经元、明、清，窑火千年不绝。宋代时以烧制黑釉瓷闻名。宋代斗茶之风盛行，故而建窑烧制茶盏居多，亦称建盏。

　　此件为标准的宋代建盏，胎体厚重，因含铁量高而呈现黑灰色。茶碗内外施厚釉，釉色刚润，有明显的垂流现象。釉面窑变呈现斑点状的花纹，一说像福建本土的鹧鸪鸟胸部羽毛所呈现的斑点状，故称"鹧鸪斑"；另说其像水面上漂浮的层层油滴，亦被称为"油滴"。这种釉色在日本被称为"天目"。

官窑六方六足盆

南宋

高 8.5cm，口径 21.5cm

英国大英博物馆藏

　　官窑，是对南宋时期专为宫廷内府烧制瓷器的窑口总称，在今天的江苏扬州一带。官窑瓷器典雅大气，沉稳规整，釉层厚如堆脂，温润如玉。此件南宋官窑盆呈六方形，折沿，平底，下承六足。天青色釉，口沿和边棱处呈淡淡的酱色，因瓷坯和釉料膨胀系数不同，釉面呈现出开片，个别位置有"金丝"。受统治阶层的审美影响，宋代瓷器讲求的是静雅和单纯的高品位。造型简洁、质朴且用材精良是官窑瓷器的一大特点。如这件六方六足盆，可以体现官窑制器的高品质与精益求精。

黑釉皮囊壶

辽

高 33cm，宽 15.3cm，厚 12.2cm

法国赛努奇博物馆藏

　　辽代是北方契丹族建立的政权，契丹游牧民族又称"马上民族"，以畜牧游猎为生。原本的皮囊壶是草原民族用来储水的工具，即用动物的皮革缝制的水壶。其后出现的陶瓷皮囊壶则是模拟之前皮质水壶的形状而烧制的。

　　此件皮囊壶通体黑釉，器型饱满，壶身上扁下略圆，呈囊状；壶身边缘有凸起仿皮革接合边；壶口呈管状，有盖，并有鸡冠状双孔系；壶身有篦刻的花纹，花纹处釉色有磨损。辽代早期皮囊壶较为矮短，中晚期壶身逐渐增高拉长，依此规律，此黑釉皮囊壶应为辽代中期以后的器物。

龙泉窑青瓷点彩玉壶春瓶

元

高 27.4cm，最大直径 14.6cm

日本大阪市立东洋陶瓷美术馆藏

　　龙泉窑，以主产区位于浙江龙泉而得名，始烧于三国两晋，一直到清代，拥有 1600 多年的烧窑历史，属"宋代六大窑系"之一，以烧制青瓷而闻名于世。此器物是一件龙泉窑青瓷点彩玉壶春瓶，"玉壶春"是宋瓷中的一种特殊器型，其特点为撇口、细颈、圆腹、圈足。元代早期的器型与宋代相似，晚期略有变化。此瓶胎质较粗，釉色淡青，其上有红色的铁锈斑点，器型完美，釉色明媚中透着深沉。

景德镇窑青花莲池鱼藻纹罐
元
高 28.2cm，最大直径 33.4cm
日本大阪市立东洋陶瓷美术馆藏

　　景德镇窑，主要窑口位于今江西省景德镇地区，因北宋景德年间烧制的精美瓷器而闻名，故由原昌南镇更名为景德镇。自唐代始烧青瓷和青白瓷，后因宋室南迁，吸纳了北方定窑白瓷的制瓷工艺，到了元、明、清三代，景德镇窑得到了空前的繁荣，元代官方设"浮梁瓷局"专烧宫廷贡瓷。元代烧制青花瓷、青花釉里红等新品种，一直影响到明、清两代的青花瓷烧制。

　　此件器物为元代青花大罐，罐盖佚失，器身绘悠游于莲池的鳜鱼、草鱼等，莲池之内有水草、莲叶、浮萍等，造型准确，生动写实。莲花和鱼，颇有"莲（连）莲（连）有鱼（余）"的美好寓意。罐体青花发色均匀，色彩明艳。此罐是元代青花器物中的一件优秀作品。

青花对瓶

元

高 63.8cm，最大直径 19.6cm

英国大英博物馆伦敦达维德基金会藏

　　此青花对瓶是达维德基金会收藏的中国瓷器中最有名的一组件。瓶口绘扁菊，双耳为象鼻，瓶颈分两截，绘蕉叶、凤凰、缠枝莲等，腹部绘四爪云龙纹，圈足绘缠枝莲纹和银锭、法螺、笏板、双角等杂宝纹。瓶颈处的蕉叶纹饰中有62 字铭文，从中可知此物为元代至正十一年（1351）所烧造，是侍奉神明的供物。此对瓶原供奉于北京智化寺，20 世纪 20 年代流落至海外，被英国古陶瓷收藏家达维德收藏。此瓶造型标准，用料考究（所用材料为"苏麻离青"，是一种从波斯进口的色料），纹样生动，是研究元代青花瓷的标准器物。

霁蓝釉白花牡丹纹盘

明

高 7cm，直径 38.7cm

日本大阪市立东洋陶瓷美术馆藏

　　在中国传统制瓷工艺中，有一种以蓝色为主色调的釉色，北宋便有烧制，称"积蓝釉""祭蓝釉"等，明、清两代称"霁蓝釉"，是一种高温石灰碱釉，釉色如蓝色的深海，釉面匀净，色泽深沉，犹以明代宣德一朝烧制的霁蓝釉器物为佳。霁蓝釉与霁红釉、白釉，并称为宣德釉的三大"上品"。

　　此器物为明代宣德霁蓝釉白花牡丹纹盘，上有多组折枝花纹样，中央是牡丹花图案，内有细线精细勾勒花瓣、花蕊、叶筋等。盘内有弦纹为界，外圈绘石榴、桃子和荔枝等瑞果。青白分明，醒目美观。

黄釉碗

明
高 8.3cm，口径 18.1cm
美国费城艺术博物馆藏

　　在彩釉大家族中，有一种通体烧制成单一颜色的，称为"单色釉"或"一色釉"。釉水中含有的化学成分，经过烧制之后呈现出匀净的单一色泽。明代的单色釉较元代有了明显的进步，器型的多样化、釉彩的纯净度、釉色的多样化均有发展。已知较为出名的单色釉就有"永乐甜白釉""宣德宝石红釉""弘治娇黄釉""正德孔雀绿釉"等 16 种之多。

　　此件黄釉碗烧制时用富含三价铁离子成分的磁石粉末为着色剂，烧至850℃—900℃而显色。其色清淡而娇艳，釉面莹润透亮。此件黄釉碗是先烧白釉，再施黄釉烧制而成，碗的圈足部分可看见透出的白色釉底。

茶叶末釉绶带葫芦瓶

清
高 26.4cm
英国大英博物馆藏

　　茶叶末釉属高温黄釉，是铁结晶釉的一种，经 1200℃—1300℃高温烧制而成，始烧于唐代，釉色以偏绿者为茶，偏黄者为末，仿佛将茶叶研末调至釉水中而得名。清代的茶叶末釉是雍正朝的督陶官唐英督造创新烧制的，又被称为"厂官釉"，以清雍正、乾隆两朝传世品较多。

　　此件茶叶末釉绶带葫芦瓶，直口、束腰，呈葫芦形，双耳如绶带，腰间有弦纹和莲瓣纹。通体施茶叶末釉，釉色均匀纯净，造型稳健之中带着飘逸之感。葫芦谐音"福禄"，而绶带葫芦瓶，则谐音为"福禄寿平"，寓意美好。

粉彩寿桃蝙蝠纹盘

清

高 4.1cm，直径 20.8cm

美国芝加哥艺术中心藏

　　粉彩，又名"软彩""洋彩"，始烧于康熙年间，兴盛于雍正朝，是在康熙五彩的基础上借鉴西洋珐琅彩技术而烧制的新品种。而"洋彩"一词首次出现在典籍中是雍正十三年（1735）督陶官唐英所著的《陶成纪事碑记》："洋彩器皿，新仿西洋珐琅画法。人物、山水、花卉、翎毛，无不精细入神。"这种瓷器釉彩在烧制时，加入了一种名为"玻璃白"的彩料，可以使颜色达到晕染的效果，呈现出独有的粉润质感，故后世又称粉彩。

　　雍正粉彩较康熙朝有了很大的发展，彩料更为精细，色彩较为柔和，层次更加丰富。图中的粉彩寿桃蝙蝠纹盘底色洁白莹润，其上以细笔绘桃枝，并有五枚粉嫩鲜妍的桃子，辅以绿叶鲜花，更觉娇嫩欲滴。桃枝左上方有三只翩然的红色蝙蝠，更有洪（红）福（蝠）齐天的吉祥寓意，鲜桃亦有期盼长寿的愿景。盘中纹饰色彩淡雅优美，绘画技艺精良，胎体细腻，体现了传统官窑瓷器材美工巧的特点。

青铜卣
商
高 50.8cm，宽 35.9cm
美国弗利尔美术馆藏

铜器

　　卣（yǒu）是一种古代的酒器，大多为圆形或椭圆形，有提梁，底有圈足，周身铸有精美的图案纹样。从器型分类上看，商代早期多为椭圆形或方形，渐入西周以圆形居多。此件青铜卣创作于商代晚期，是一件标准的礼器。经过了青铜艺术早期，也就是"武丁时代"的艺术纹样大爆发，此时的青铜纹样逐渐稳定规范，卣身的兽面纹样趋于柔和平缓，不再"狞厉"怖人，颇有一番风韵。

青铜方彝
商
高 35.3cm，宽 24.8cm
美国弗利尔美术馆藏

　　方彝是商周时代的一种盛酒器，也是一种重要的青铜礼器。此类器型出现在殷商晚期，沿用至西周中期。与其他类型的青铜礼器遗存相比，方彝的数量要少很多。弗利尔美术馆所藏此件西周早期的青铜方彝，又称令彝，亦称矢作父丁彝，1929 年出土于河南省洛阳市。此件器物整体呈方形，四面中部和四角饰有扉棱，彝腹与彝盖布满对称的夔纹构成的饕餮纹，彝腹口沿下方有龙纹，从上到下的造型、纹饰华美。既可以看到商周青铜的造型、装饰之美，又可看到青铜工艺的水平之高。更难能可贵的是，彝盖内壁刻有 14 行 187 个字的铭文，对研究西周早期历史有重要文献价值。

兽形觥

商

高 32.2cm，宽 32.2cm

美国弗利尔美术馆藏

　　觥（gōng）是中国古代的盛酒器，流行于商晚期至西周早期。觥的造型设计非常有趣，经常将觥盖做成兽头、兽背连接的形状，觥的"流"为兽的颈。《诗经·卷耳》中有"我姑酌彼兕觥"句，世俗生活中也常用"觥筹交错"一词来指代饮酒。此件兽形觥名副其实，拆解其中的动物形象颇为有趣。器物前端有状如绵羊盘角的兽头，后端有另一只似长有羚羊角的兽头。前端的兽头耳后有虎纹、鱼纹、鸟纹、象纹等，器物周身遍布 30 多种飞禽走兽。可见商周的青铜文化造就的器物不仅造型优美、夸张，同时具有独树一帜的艺术特点和非凡的想象力。

鸮纹觯
商
高 17.8cm，宽 10.8cm
美国纽约大都会艺术博物馆藏

　　觯（zhì），古代盛酒器，后为青铜礼器，形似樽而小，或有盖，盛行于商晚期和西周早期。此件器物为商代晚期的有盖鸮纹觯。鸮，即鸱鸮，是猫头鹰一类的鸟。此件器物是从鸱鸮的造型演化而来。器物呈椭圆形，高盖，圆腹，侈口，高圈足。从觯盖至圈足满饰浮雕，有四条扉棱。腹部有双目，神似猫头鹰的眼睛，其下有对称的双翅，猫头鹰的双脚设计在高圈足之上。主纹之外更有龙纹、回文、兽面纹等辅纹。器物形态规整、敦厚，纹饰丰富，铸造工艺高超。

青铜斝

商

高 50.8cm

美国克利夫兰美术馆藏

　　斝（jiǎ）是古代的盛（温）酒器和礼器，在新石器时代发现的陶斝中曾经有肉食残留，可见斝是由蒸煮器逐渐发展为酒器，并在祭祀、宴飨中发挥礼器作用的一种青铜器。传说商汤打败夏桀后，以斝为御用酒器，诸侯等则用角。斝的基本造型为侈口，直腹身，口沿处有一柱或二柱，柱头造型多样，下承三足，足分锥状空足、锥状实足、柱形足等。此件器物为殷商时期铸造，出土于商代的都城（今河南安阳），腹部为直筒状，铸有兽面纹和蕉叶纹，捉手上有一长角兽纹，口沿双柱。柱头和腹身有扉棱，平底，锥状实足，其上有云雷纹。

青铜簋

西周
高 15.2cm，宽 30.5cm
美国纽约大都会艺术博物馆藏

　　簋（guǐ）是我国古代用于盛放食物的器皿，也是重要的礼器，流行于商周，尤以西周为典范。簋作为重要的青铜礼器和食器，与列鼎制度一样，祭祀或宴会之上都有一套固定的数量和使用的礼仪。一般来说，天子九鼎八簋，诸侯七鼎六簋，大夫五鼎四簋，元士三鼎二簋等。此件青铜簋侈口，圆腹，圈足，左右饰两兽耳，其下附长珥。腹部饰五排凸起的乳钉纹，颈部和圈足分饰方形云雷纹，两兽耳上镌阴刻线纹样。铜簋整体造型规整，庄重典雅，纹饰华丽，西周祭祀和宴飨的场面由此可见一斑。

青铜甗

西周

高 39.4cm，宽 26.7cm

美国克利夫兰美术馆藏

　　甗（yǎn），古代蒸煮器，后为礼器，流行于商周至汉代。整体器型分上下两部分，上部为甑，甑底为穿孔的箅，可以使水蒸气通过；下部是鬲，带有底足，可以用来加热煮水，其使用方法类似于今天的蒸锅。甗在商代至西周晚期，几乎都是一体式，春秋以后多为甑与鬲的分体式结构。此件青铜甗上部的甑为圆形，直耳，侈口，镌刻云龙纹、谷纹和乳钉纹；下部的鬲为兽面、袋状蹄足。器型整体饱满，线条流畅，装饰适度。

鸡首壶

春秋

高 30.5cm，宽 14cm

法国赛努奇博物馆藏

商王"酒池肉林"，饮酒误国，周人鉴于前朝，曾禁酒以防豪饮误事，故而很多酒器的品种逐渐消失。但作为水器的壶不仅保留下来，而且形成了非常多样的面貌。春秋时期青铜壶的样式有方壶、圆壶、扁壶、提梁壶、匏形壶等。此件鸡首壶按照器型来看，应定名为匏形鸡首壶。匏，即葫芦，此件器物顾名思义就是青铜铸造的葫芦形带有鸡首盖的壶。壶盖鸡首状，细长颈，下鼓腹，矮圈足，腰腹处有提梁，壶盖与提梁之间有连环，壶身整体有弧度，状如匏形，壶身上有三圈蟠螭纹装饰带。整体造型突破了商周青铜礼器的严肃、板正，转而为一种轻盈、灵动的新审美情趣。

青铜豆

春秋

高 26.7m，宽 18.4cm

美国纽约大都会艺术博物馆藏

　　豆是古代的一种食器，《说文解字》中说："豆，古食肉器也。"商周时期的青铜豆则是作为礼器出现的。豆有圆盖，下部类似高足盘，下承圈足，在祭祀、宴飨、丧葬等活动中与鼎、簋、簠、笾、罍、爵等配套使用。此器物为春秋时期铸造，因其上有四只螭虎形捉手，也被称为青铜四虎豆。豆腹饱满，足柄修长，周身满饰蟠螭纹，四只螭虎线条流畅，尾部卷曲，于庄重中透露灵动，体现了春秋时期高超的青铜制作工艺。

狩猎纹鉴

战国

高 28cm，口径 61.4cm

美国弗利尔美术馆藏

　　鉴，古代的一种盛水器，起初为陶鉴，春秋时期出现青铜鉴，战国最为流行。鉴的使用功能有两种：一是盛水照容；二是盛冰，《周礼·凌人》载："春始治鉴，凡外内饔之膳羞鉴焉，凡酒浆之酒醴亦如之，祭祀共冰鉴。"简言之，冰鉴就是最初的冰箱。此件狩猎纹鉴为圈足式，兽形耳口内衔环，圆腹，下有短圈足。铜鉴通体采用战国时期流行的"嵌错"工艺，就是先将器物表面镌刻出纹样，形成凹槽，再将金属丝嵌入，后经捶打、压实、打磨等工序至完成。此铜鉴以三角云雷纹宽带将鉴身分成三层狩猎纹样，以极高的工艺表现出狩猎的紧张氛围和激烈场景。

青铜铺首

战国

高 9cm，宽 10cm

法国赛努奇博物馆藏

铺首通常指门扉上的带有兽头和环形的饰物。但是，铺首不仅出现于建筑物的门上，也出现在青铜器之上。一般作为礼器的青铜器，其上的提手通常以铺首的形式出现，便于搬运。作为在祭祀活动中出现的饰物，其本身就带有着与神灵沟通的意味。铺首的主体部分为饕餮纹，《吕氏春秋》中载："周鼎著饕餮，有首无身，食人未咽，害及其身，以言报更也。"传说中饕餮是具有驱邪避凶意义的神兽，故而放置在青铜礼器或门扉之上。此件器物为战国时期铸造，衔环佚失不存。除此之外可以看见对称的兽面由多种动物的形象组成，可对应《山海经》中对饕餮的描述：人面羊身，虎齿人爪。

铜博山炉

西汉

高 21.3cm

美国芝加哥艺术中心藏

　　博山炉又叫博山香炉，流行于汉代到晋代之间，是广泛使用于贵族乃至民间的一种香器。古人相信海上有蓬莱、方丈和瀛洲，而这三座仙山统称为博山。此器物主体部分与青铜豆相似，盖子呈圆锥形，镂空，铸造成人们想象中的海上仙山的样貌；盖与腹之间有合页，方便添加香料；盖顶和炉柄两处均有清晰的柿蒂纹附件；圈足上满饰纹样，其下有承盘。可以想见，焚香之时烟雾氤氲缭绕的样子，犹如海岛仙山般神秘梦幻。汉代皇帝痴迷修仙，博山炉在当时是非常流行的器物，也因其优雅、精美的造型，受到后世文人雅士的喜爱和赏玩。

摇钱树

东汉

高 147.3cm

美国明尼阿波利斯艺术中心藏

　　青铜摇钱树主要出土于中国西南地区，以四川地区尤为常见，是一种随葬明器。因以青铜铸成叶片，其上有各种钱币的纹样，俗称其为"摇钱树"。此种随葬明器准确的意义至今在学界仍有争议。《后汉书 · 李固传》言："古之进者，有德有命；今之进者，唯财与力。"不难看出乞求富庶的生活，追求金钱财富肯定是人们铸造摇钱树随葬的重要愿景之一。此件摇钱树由底座和主体两部分组成：主体分为树干和枝叶；底座为陶质，并施有绿釉。树干顶部有朱雀（凤凰）的造型，其下有插孔可与树干连接；树干由青铜铸造，分为 6 层，每一层都插挂着数片青铜树叶，每片树叶有各种人物、神兽还有方孔圆钱等，给人一种重叠梦幻的视觉效果。

海兽葡萄纹镜

唐

直径 16.5cm

法国赛努奇博物馆藏

　　铜镜不仅是古代日常修容的用品，同时拥有悠久的历史和灿烂的铜镜文化，唐代的铜镜是继汉代制镜之后的又一个高峰，它摆脱了汉式镜的拘谨规整，更加侧重于浪漫、写实、流畅等特点，彰显大唐盛世的气度，制作工艺也极为高超。海兽葡萄纹镜是唐镜中一类具有特殊造型表现力的铜镜。此件器物为凸面镜，边缘微翘（这样可以拥有更大的视角），伏兽纽为中心，分为内区和外区，并以粗弦纹区分，内有多只海兽，间有缠枝纹、葡萄纹、云纹等。此类纹样组合也是受到了中亚文化的影响，也可以看到大唐文化的兼容并包。镜背整体采用高浮雕铸造，纹饰华丽、繁复，镜体厚重。

景泰蓝将军罐

明

高 62cm，最大直径 55.9cm

英国大英博物馆藏

　　景泰蓝，因明代景泰年间制作的铜胎掐丝珐琅工艺精湛而得名。大体制作工艺是在铜质的胎体上，用铜丝掐花，再把珐琅质的色釉填充其中，再进行烧制、镀金、磨光等制作工序完成的金属工艺品。此件景泰蓝将军罐，体形硕大，色彩强烈鲜明，深沉的红彩配上明艳的黄彩，在色彩上平衡了大罐蓝色的基调。通体所饰五爪云龙纹，似遨游天地云海间的游龙，气势磅礴。口沿处有"大明宣德年制"和"御用监造"的款识，表明此罐为御用之物。

玉璧

新石器时代

直径 32cm

美国克利夫兰美术馆藏

玉器

　　璧是一种圆形玉器，中央有孔，也是古代的一种重要的礼器。《周礼·春官·大宗伯》有载："以玉作六器，以礼天地四方。以苍璧礼天，以黄琮礼地。"所以就有"璧礼天，琮礼地"的说法。

　　良渚文化距今约 5300—4300 年，属于新石器时代文化，主要分布于江浙一带环太湖流域，以出土大量玉器而闻名。此件玉器为良渚文化时期的玉璧，玉质较粗，属于江浙周边产的透闪石，以青灰色居多，中间夹杂黄色石斑，土沁的部分呈现出雾状乳白色。整体造型圆整，中间圆孔有平滑的内凹，边缘有打磨痕迹。

玉琮

新石器时代

高 26.7cm，直径 7.6cm

美国芝加哥艺术中心藏

琮是一种内圆外方的筒状玉器，古代礼器之一，在良渚文化中大量出现。此件玉琮共九节，在出土存世的同类文物中属于大器。器物四面均有一条垂直的凹线，均分一面。在水平的方向上，以较粗的横刻阴弦纹为界，将琮体纵向分为九节，四角有方形的"出脊"。器身整体形制修长，玉质为透闪石，整体呈现乳白色网状土浸。整体造型疏朗，线条坚挺有力，体现了中国古代早期玉器工艺的水平。

兽面纹玉饰

新石器时代

高 6.7cm，宽 8.3cm

美国纽约大都会艺术博物馆藏

　　良渚文化时期的玉器品类较多，除了较为常见的玉璧、玉琮、玉璜、玉玦、玉环、玉钺等，还有一类以浅浮雕装饰的兽面纹玉饰。此件兽面纹玉饰呈半椭圆形，中部刻有两只对称的眼睛，分内外两层，内层呈正圆形，以阴刻线为边界，外层呈带弧度的椭圆形，边缘以浅浮雕的手法雕刻打磨。兽面纹口鼻处造型略简，以短直线为主，边缘打磨弧度。学界对良渚兽面纹样的研究中，有"虎神"也有"枭神"之说。早期玉器多为祭祀用器，也体现了先民的图腾崇拜。

鸟形玉佩

商

高 13.6cm，宽 4.5cm

法国赛努奇博物馆藏

　　《诗经》上有"天命玄鸟，降而生商"的传说，讲的是帝喾的妃子简狄，外出洗澡时看到一枚玄鸟所生的卵，简狄吞下之后，怀孕生下契，而契就是商的始祖，所以商人是有着神鸟崇拜传统的。此件玉佩整体雕刻为鸟形，巨喙之上有"打洼"的工艺，内卷尾羽有镂空，鸟身上有阴刻弧线，依照体态走势刻画，并且有象征羽毛的涡卷纹，鸟耳后有一小孔，应为配饰穿孔。玉质整体呈黄绿色，有土沁。

蟠龙玉佩

商

直径 4.4cm

美国纽约大都会艺术博物馆藏

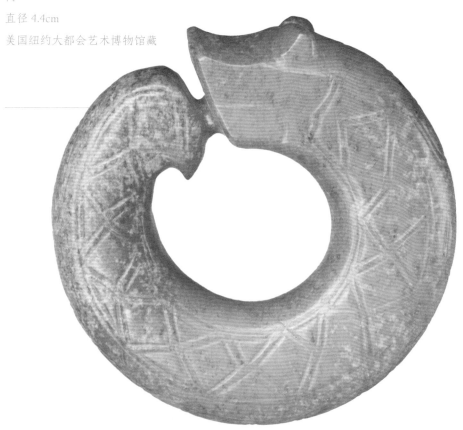

　　夏、商、周三代是我国玉器文化的转型期，玉器从祭祀礼器，转变成"以玉为尊"的服用器，也反映出从原始部落的图腾崇拜，转向奴隶社会的礼制文化。此件蟠龙玉佩制作于商代中期，与红山文化晚期的 C 形玉雕龙相比，虽然从造型上很相近，但是祭器的意味少了很多。红山文化晚期属于母系社会向父系社会过渡的时期，开始从狩猎变为农耕，而龙有着"水神"的身份，故而 C 形玉雕龙多有在祈雨文化中担当"圣物"的作用。商代的蟠龙玉佩摆脱了祭器的主要身份，多有贵族身份地位的象征。龙佩上刻有菱形的浅纹，龙首尾似断实连，组成环状，更便于佩挂。

龙形玉佩

战国

单件长 16.5cm，宽 8.6cm

美国芝加哥艺术中心藏

　　战国时期，经历了东周的"礼崩乐坏"，代表奴隶主尊贵身份的组佩制逐渐消亡，加之铁器的使用，使得战国的玉器制作无论是工艺水平、装饰造型还是数量都远胜前朝。此组件玉器主体呈平面多曲形，可以清楚地看到龙首、龙身、龙翼及龙尾。从龙的造型上来看，既脱离了原始社会龙形象简约的造型，又有别于商周早期组佩中造型略显单调的形象。此时的龙佩造型清晰、明朗，装饰手段也明显丰富。通体以浅浮雕的谷纹为底，龙角、龙唇、龙肢、龙翼、龙尾等均有细密的阴刻线做装饰，显得精致、灵动且富有层次。边缘有"打洼"工艺，从玉质的选取和打磨的工艺程度来讲均胜前朝。

玉握猪

东汉
长 11.4cm，宽 2.9cm
美国纽约大都会艺术博物馆藏

　　玉握是逝者手中所握有的玉葬器，代表财富、权力等。此种葬俗自原始社会发展到汉代，达到一个小高峰。汉代普遍盛行的"事死如事生"的观念，使得厚葬之风盛行。农耕文明发展至汉代，猪不仅是当时重要的家畜，是肉食的主要来源之一，同时也是财富的象征。玉猪在汉代是相当常见的陪葬物，有大量出土和存世。并且人们相信玉有着令尸身不腐的神奇功效，故而制作成玉握随葬。此件玉握猪采用了汉代常见的"汉八刀"雕刻法，以在雕刻猪身的时候呈现了"八字"的造型而得名。

辟邪

三国

高 130.8cm

美国纳尔逊－阿特金斯艺术博物馆藏

雕塑

　　辟邪是中国古代神话传说中的神兽，《山海经》中有载："辟邪之兽，来自海东神兽，能知人之忠佞不直者，触而啖杀之。"可见，在古代，辟邪是有"忠""仁"等象征意义的瑞兽。而辟邪的基本样貌大体上就如图中所示，是一种有翼的状如狮子的神兽。图中的神兽张口做狮吼状，有鬃毛和垂须，四足前后落地，周身有羽翼的纹样，确如文献中描述，颇具想象力。

释迦禅定坐像

后赵

高 40cm

美国旧金山亚洲艺术博物馆藏

　　此件铜胎鎏金释迦禅定坐像，铸造于后赵太祖石虎建武四年（338），是现存最早的一件带有铭文纪年的单体佛造像。此造像高束发，发丝刻画细腻，长眉杏眼，面露微笑，双手结印重叠于腹前，双脚跏趺坐，身着通肩袈裟。此造像的造型方式与衣饰纹样，在十六国时期很流行。人物的面部特征也由之前的高鼻深目的犍陀罗式风格转变为带有中原特征的佛陀形象。释迦牟尼身下的方形卡垫，其边缘还以阴刻线刻缠枝莲花等纹样。造像整体以一种更为本土化的"佛陀世容"来感化民众，同时也可看到外来宗教、文化在中原的发展和传播。

南响堂山佛头

南朝

高 39cm

美国纽约大都会艺术博物馆藏

响堂山位于河北省邯郸市峰峰矿区，此处石质优良，窟内幽深，回音效果极佳，故名"响堂"。响堂山石窟最早开凿于北齐，之后历经隋、唐、宋、元、明、清，均有增凿。石窟分南北两处，相距15公里，以南响堂石窟群的遗存数量居多。此尊佛头雕塑高鼻深目，面相丰圆，双耳垂肩，头上螺髻颗颗分明，面部似有金泥残留，体现了南北朝时期优良的雕刻艺术水平。

彩绘石雕交脚菩萨像

北魏

高 129.5cm

美国纽约大都会艺术博物馆藏

　　佛教自西汉末年就已经传入了中国，在魏晋南北朝时期盛行，大量佛经被翻译，大批佛寺兴建，随之而来的是佛造像艺术的大发展。这尊彩绘交脚菩萨雕像，头戴宝冠，面露微笑，左手施与愿印，右手施无畏印，双脚交座。菩萨身着帔帛，以阴刻线做衣纹，衣饰线纹流畅，其上有赤色敷彩残留。交脚菩萨坐姿是由印度和中亚等国传入我国的，原本是代表贵族的坐姿，是身份和地位的象征。此件造像来源于北魏时期开凿的云冈石窟，也是西域佛造像艺术传入中原并产生影响的例证。

武官俑

北魏

高 42cm

法国赛努奇博物馆藏

此件北魏武官俑是墓葬中特有的随葬俑，造型写实。武官俑按照真实的装备塑像，例如俑的头部有半圆形的铁钵做支撑，并有铁片编成的顿项，即一种特殊的护具兜鍪。此俑身着南北朝时流行的裲裆铠，即武官的前胸、后背由两片甲胄在肩部用带系住的铠甲。在现实中，裲裆铠的材质多为皮革或金属，故而为了保暖且舒适不磨损皮肤，在裲裆铠内穿着衣袍。此俑为拱手站立状，身有彩绘，造型颀长，正是魏晋南北朝流行的"秀骨清像"的审美风格。

陶牛车
北魏
高 26cm，长 37.7cm，宽 26.3cm
法国赛努奇博物馆藏

　　牛是中国古代农耕文明中重要的生产工具和交通工具，在墓葬中以陶牛陪葬也彰显了墓主人身份的尊贵。这件陶牛车，牛颈短粗，双目圆睁，四足着地，敦实健硕。魏晋时期士大夫们上朝几乎都是乘坐牛车，并且遵循一定的乘车制度。北魏政权的建立，标志着草原文明和农耕文明的碰撞，牛车出行不仅代表时尚，还是地位的体现。此件陶牛车其辔头和车构件均有装饰，也是墓主人身份的象征。

皇帝礼佛图

北魏

纵 208.3cm，横 393.7cm

美国纽约大都会艺术博物馆藏

　　《皇帝礼佛图》又称《北魏孝文帝礼佛图》，是北魏宣武帝为其父孝文帝祈福所开凿，在洛阳龙门宾阳洞历时 23 年修造完成的。此图呈现的是孝文帝率文武百官，在一众侍从的簇拥之下礼佛的场景。石雕中孝文帝处于中间靠右的位置，其身着宽袍冕服，雍容华贵，颇有君临天下之感。文武百官跟随在孝文帝周围，恭谨而侍。一众侍从环绕侍奉，并有礼扇、宝盖等出行卤簿，正如《洛阳伽蓝记》中关于北魏皇家礼佛场景所言"宝盖浮云，幡幢若林"。由于此件石雕是在战乱中被盗的，局部地方遭到了不同程度的破坏。

皇后礼佛图

北魏

纵 203.2cm，横 278.1cm

美国纳尔逊 – 阿特金斯艺术博物馆藏

　　《皇后礼佛图》又称《文昭皇后礼佛图》，雕凿于北魏，与《皇帝礼佛图》组成《帝后礼佛图》，原浮雕在河南洛阳龙门宾阳洞内。近代的盗凿，使得这两件本应合在一起的珍贵浮雕分开，造成"帝后分离"。如今，《文昭皇后礼佛图》藏于美国纳尔逊 – 阿特金斯艺术博物馆，而《皇帝礼佛图》则藏于美国纽约大都会艺术博物馆内。

　　《魏书》中有载："景明初，世宗（宣武帝元恪）诏大长秋卿白整准代京灵岩寺石窟，于洛南伊阙山，为高祖、文昭皇太后营石窟二所……永平中，中尹刘腾奏为世宗复造石窟一，凡为三所。从景明元年至正光四年六月已前，用功八十万二千三百六十六。"我国历史上鲜有如此准确地记载石窟开凿过程的。《文昭皇后礼佛图》刻皇后莲冠霞帔，右手拈香，在众宫女的簇拥环绕之下站立。浮雕人物众多，层次分明，富于变化，与《皇帝礼佛图》相映成趣。

坐佛

北齐

高 63.5cm

美国纳尔逊 - 阿特金斯艺术博物馆藏

此尊北齐坐佛雕塑雕刻手法简洁，佛陀的面容不再是细眉高鼻的犍陀罗式形象，低平的眉弓、不甚高耸的山根、丹凤眼和微微上扬的笑唇，明显可以看出本土化的迹象。袈裟轻薄贴体，衣纹顺着躯干的结构起伏，使得佛像整体圆整，打造出一种完整的体量感，应是受到印度笈多艺术的影响。坐佛双脚跏趺坐于重瓣莲台之上，手臂残缺，似施无畏、与愿印。

天龙山第 21 窟彩绘石雕菩萨头像

唐

高 40cm

美国纽约大都会艺术博物馆藏

天龙山石窟位于山西太原市西南的天龙山中，现存大小石窟 21 座，始建于北朝东魏时期，后为北齐文宣帝高洋之父高欢的避暑宫。后世陆续开凿，在唐代达到顶峰，明清渐衰。由于战火和保护失当，天龙山石窟中几乎所有的佛头均被盗走，大批的佛像整尊被盗，如今散落于世界各大博物馆。此件头像出自天龙山第 21 窟，菩萨面容饱满圆浑，气度非凡。发髻高耸，根根分明，头戴分心发饰，脖颈似有项圈或璎珞的残饰。虽仅为头像，却将属于盛唐的气象展露无遗。

菩萨像

唐

高 157.5cm

美国芝加哥艺术中心藏

在佛教的仪轨当中，菩萨不仅是觉者，而且肩负着到世间传道，普度众生的使命。在佛教的造像当中，佛陀的形象大多是正襟危坐，宝相庄严，而菩萨的造像往往显现出自然灵动之感。此尊菩萨像高鼻深目，双颊饱满，颈部丰腴，面容的造型风格颇有犍陀罗艺术的特点。菩萨体态微丰，交脚坐于台上，一手撑在大腿上，另一只手臂缺失，似有撑住头部的感觉。高束发，根根发丝整齐清晰，身着天衣，佩项圈、手镯、臂钏等装饰物，局部残留彩绘，将盛唐的风韵展现于世人面前。此尊菩萨坐像极有可能出自河北省北部的佛寺或石窟。

三彩倚坐执镜女俑

唐

高 31.2cm

美国芝加哥艺术中心藏

　　唐三彩,泛指盛行于唐代的一种低温釉,是中国古代陶瓷烧制的一种工艺。釉彩分黄、绿、白、褐、蓝、黑等,以黄、绿、白三色为主,俗称之为"唐三彩"。唐三彩虽属于陶器,但与其他低温釉陶不同的是,其胎体是用高岭土烧制的,先在1100℃的高温下烧制白色的素坯,而后施彩釉,再经900℃低温烧成。此件三彩倚坐执镜女俑,头梳单螺髻,面颊饱满圆润,墨线画眉,朱红点唇,动态舒展,正在揽镜观容。女俑身着窄袖衫,下着长裙,外罩帔帛,衣饰线条流畅,足下穿翘头靴,姿容丰腴,仪态娴雅。

三彩镇墓俑

唐

高 99cm

英国维多利亚与阿尔伯特博物馆藏

　　镇墓俑是一种特有的墓葬明器，且种类丰富，可分为护法和象生两类。护法类包括镇墓兽、镇墓天王俑、镇墓武士俑等；象生用于象征墓主生前的生活场景，包括侍卫、仪仗、乐舞伎、侍婢、用具等。此三彩镇墓俑是典型的镇墓护法俑中的镇墓天王俑。在唐代，天王俑是随葬明器中很重要的组成，一般成对出现在墓门两侧。作为佛教的重要护法神，他们的作用就是镇墓驱邪。天王俑头戴标志性的鹰盔，豹头环眼，怒视前方。他身着铠甲，一手叉腰，另一手上举握拳，足踏卧牛。由于唐三彩俑胎体是用高岭土烧制的，后再上釉低温复烧，所以天王的面部和手部显现出高岭土所特有的白色和细腻的质感。身体釉色稍薄，釉色有垂流，更添风度。

马球俑

唐

高约 25.4cm

美国纳尔逊－阿特金斯艺术博物馆藏

　　马球又称波罗球，是源于波斯（今伊朗）的一种体育活动，西汉末年传入中国，盛行于唐、宋、元三代。马球如拳头大小，用轻而韧的木材制成，中空，外有彩绘；球杖头弯如月牙，又称"初月"或"月杖"。球场设有球门，以网囊做成。此图所展示的正是打马球的场景，四名马球球员坐于飞奔的马上，由于运动中的惯性，身形随着奔马四蹄腾空的状态和角度发生偏移。球员各个神情专注地挥动月杖（已佚）击球，做出不同的姿势。一个千年前的热烈场面就此定格。

胡人骑骆驼俑

唐

高 39.4cm

美国纳尔逊-阿特金斯艺术博物馆藏

　　南北文化的交融，中外文明的碰撞，帝国经济的繁荣，国际视野的不断开阔，使得大唐帝国成为彼时真正的东方乐土。此件胡人骑骆驼俑正是盛唐与西域经济、文化交流的缩影。骆驼昂首屈腿卧于地面，口鼻微张，做休憩状。骑手是西域胡人的面相与装束，浓眉刚须，高鼻圆目，头戴幞巾，身着窄袖圆领红袍，足蹬长筒皂靴，双手姿势似拉缰绳。

水月观音

辽或金

高 241.3cm

美国纳尔逊 - 阿特金斯艺术博物馆藏

　　佛经中谓观音菩萨有 33 个不同形象的法身，呈观水中月姿势的，称水月观音。水月观音最初是唐人以玄奘法师所著《大唐西域记》里观自在菩萨为原型创造的，流行于宋代并逐渐世俗化。可以说水月观音造像的形态是佛教本土化的产物之一。此尊水月观音为辽金时期的木雕，坐像高逾 2 米，头戴宝冠，束发高耸，胸饰佛宝璎珞，上身着僧祇支（天衣），下身着佛裙，坐于彩绘岩石之上。右腿支起，右臂自然垂放于右膝上，左腿下垂，左臂微撑。通身彩绘，局部贴金，观音相好庄严，动作舒展，衣纹灵动飘逸，是水月观音中的极品之作。

罗汉

辽或金

高 118.1cm

美国纳尔逊－阿特金斯艺术博物馆

罗汉，在佛教教义中是指人通过修行所能达到的一种果位，可以获得涅槃，脱离轮回之苦。传说在佛陀的众多弟子中，有十六位修行最高者，即后世的十六罗汉。这尊三彩罗汉像来自河北省易县八佛洼睒子洞，原本是一组，在盗运过程中有3尊遭到损毁，有10尊转运到了海外，收藏在世界各大博物馆中。这些栩栩如生的雕塑堪称中国古代写实主义的巅峰之作，一经展出就引起了轰动。雕像均由手工塑型，施三彩釉，比真人体量略大，面容写实、生动，似觉者悲悯众生。袈裟色彩协调，衣纹流畅，双臂自然下垂，双脚跏趺坐。易县睒子洞内大多数的罗汉塑像是经由帕金斯基之手运至海外，而此尊罗汉雕塑是由卢芹斋于海外找到，后被纳尔逊－阿特金斯艺术博物馆收藏。

随葬俑

明

高 32.7cm

法国赛努奇博物馆藏

　　俑是中国古代丧葬习俗中普遍使用的一种陪葬明器，体现了王公贵族们"事死如事生"的厚葬观念。此俑头戴圆檐尖顶帽，身着宽袍，腰间束带，足蹬朝靴，垂臂而立，双手佚失。虽然其精细程度并不突出，但可以由此推断出此俑是陪葬仪仗组群中的一员。虽然明代已经不再流行大规格的陪葬俑，但是在一些皇室贵族的墓葬中也依然可以发现数量众多的仪仗俑。陪葬俑可以让我们深入了解明代的礼仪、服饰、宴乐、出行等习俗，是不可多得的时代样本。

白瓷观音

清
高 85.7cm
美国明尼阿波利斯艺术中心藏

　　德化窑，位于福建省德化县，以烧造白瓷闻名于世，始烧于宋代，至明清发展至顶峰。其窑烧制的白瓷色如凝脂，光泽莹润，胎与釉结合紧密，胎体和釉层几乎不分，通体透明。德化瓷外销至 17 世纪的欧洲宫廷，随即掀起了"中国白"的浪潮。德化窑在明清时大量烧造人物瓷，造型优美，线条流畅细腻，还增加了贴塑和堆塑等工艺。

　　此件白瓷观音烧制于清代，其工艺继承了明代德化窑巅峰时期的技艺水平。观音通体纯白，光泽凝润如玉，造型生动优美，仙衣飘举，轻盈律动。周身所佩发冠、璎珞、珠串流苏以及其足下海浪中的"泡沫"等，均以堆贴的方式烧制而成。依其动势造型，观音手中的持物似有佚失。

蛇座凤鸟鼓架

战国

高 132.1cm，宽 124.5cm

美国弗利尔美术馆藏

漆器

此件文物是 20 世纪 30 年代中期发现于湖南长沙地区的战国漆器鼓架，分为鼓座和鼓架两部分，鼓座以两条蜷曲的蛇为装饰，鼓架为两只长颈的凤鸟。鼓架的木胎由楠木雕刻，通体髹漆，以黑漆为底色，其上分别以红、黄等色绘制盘蛇及凤鸟的花纹。在楚地也曾出土过此种类型的鼓架，但多为螭虎与凤鸟结合，而将蛇和凤鸟结合的较为少见。此种鼓架使用时是将鼓悬于两只凤鸟的中间，是为"悬鼓"，为楚国的贵族所享用，由此可推理此件蛇座凤鸟鼓架应为楚国贵族大墓所出。

漆耳杯

西汉

高 17.2cm，口径 13.3cm

美国明尼阿波利斯艺术中心藏

　　耳杯，又称"羽杯"，亦名"羽觞"，是古代的一种酒器，呈椭圆形，两侧各有一耳。《楚辞·招魂》中有："瑶浆蜜勺，实羽觞些。"一说因其两耳如雀鸟之双翼，另一说则是饮酒之时杯上可插羽毛令速饮，故而得名"羽觞杯"。此器型盛行于战国，经汉代至魏晋，多为木胎髹漆。通体黑漆为底，其上以朱漆髹绘几何状云气纹。其下有配套的青铜托架，架底盘铸有柿纹。

漆案

西汉

尺寸不详

法国赛努奇博物馆藏

　　漆案是西汉时期的一种食具，平底，有浅边沿，四角有矮足。漆案以木胎为骨，采用刨、削、剜、凿的方法，称为"斫木胎"。木胎上裱麻布之后髹红、黑两色漆，并在黑底之上绘饰纹样。此件漆案与长沙马王堆一号汉墓出土漆案的形制与花纹较为相似，不仅造型典丽，色彩凝艳，也展示了汉代贵族的分餐制。

剔犀盏托

南宋

高 6.2cm，直径 16cm

英国大英博物馆藏

　　"剔犀"是中国传统漆艺之一，其工艺是在木胎上以黑、红、黄等颜色的厚料漆有规则地交替刷涂，逐层积累至数百层，达到一定厚度之后，再以刻刀雕出图案纹样，其切口会自然形成颜色不同的花纹，犹如犀牛角断面的肌理效果。剔犀工艺在南宋呈现出大发展的趋势，并取得了很高的成就。《格古要论》中就有对剔犀的记载："古剔犀器皿，以滑地紫犀为贵，底如仰瓦，光泽而坚薄，其色如胶枣色，俗谓之枣儿犀，亦有剔深峻者，次之。"此件文物为剔犀盏托，黑漆为面，雕刻如意云纹，且刻口呈现出红黑分明的"犀纹"，展现了极高的工艺水平。

八角形剔红漆盒

明

高 23.5cm，直径 32.1cm

美国明尼阿波利斯艺术中心藏

剔红，又称雕红漆，中国漆器工艺的一种，此法成熟于宋元，发展于明清。做法是在漆胎上层层髹红漆，达到一定的厚度，待半干时雕刻出花纹。《格古要论·剔红》中载："剔红器皿，无新旧，但看朱厚色鲜红润坚重者为好。"此件文物呈八角形，以剔红工艺通体刻如意云纹，色泽鲜艳，器型饱满。古代传统漆艺中的"推光"工艺在其上运用得极为完美，使得器物历经几百年依然光泽莹润。

荔枝纹雕漆高足杯

明

高 9cm，口径 9.4cm

美国芝加哥艺术中心藏

　　在中国传统吉祥纹样中，因"荔"与"利"谐音，故而荔枝纹有着特殊的文化含义。此件文物为雕漆高足杯，杯内壁为黑色，杯身上有高浮雕荔枝纹样，兼有八角花纹和万字纹，杯柄处亦有灵芝纹，口沿和杯托还刻有回纹和弦纹，是为明代雕漆中的精品。

圆形漆盒

明

高 18.5cm，直径 25.6cm

美国芝加哥艺术中心藏

　　此件文物为明代嘉靖年间的雕漆圆盒。这一时期的装饰纹样呈现出新的风貌，最为显著的是吉祥纹样的运用逐渐增多，多以苍松、灵芝、仙桃、鹿鹤、祥云、八宝等纹样，取长寿吉祥之意。在图中可以看到海水江崖纹、缠枝莲纹及云龙纹的运用。盒盖上的四爪龙纹，是将汉唐流行的"走兽身"龙纹变形而来，并拉长了龙颈，将"龙珠"设计成盒盖的中心，以寿字为纹，独具匠心。

人物纹漆盒

清

高 5.5cm，直径 10cm

美国费城艺术博物馆藏

　　清康、雍、乾三代作为封建王朝最后的鼎盛时期，也是漆器工艺发展的黄金时代，传世的精美漆器多为宫廷内府督造。此件文物为厚木胎，瓜棱形盖盒。盖顶为葵瓣锦地开光山水人物纹，中有仙人、仙童、栏杆、桂树、湖石、山丘等，人物衣饰、树干、湖石上均以不同的刻法表现质感和肌理；开光的外围以回纹做分割；漆盒分上下两部分，每一瓣"瓜棱"中刻牡丹花卉，上下对齐，颇有整体感。整件漆盒漆层极厚，且雕工精细，立体感强，是漆器工艺中的优秀者。

雕漆鼻烟壶

清

高 8.6cm，最大直径 6cm

美国明尼阿波利斯艺术中心藏

鼻烟壶顾名思义就是指用于盛鼻烟的容器，体积小巧，单手可握，便于携带。鼻烟于明末清初传入中国，从而产生了盛放鼻烟的鼻烟壶及其制作工艺。制作鼻烟壶的材料、工艺非常多，材质有陶瓷、黄铜、象牙、翡翠、玛瑙、琥珀等；工艺上可运用青花、粉彩、雕漆、内画等，是一种非常丰富多元的文玩品类。

此件为雕漆鼻烟壶，其上的纹饰为清代中期之后常见的五子夺莲。"五"在古代语境中是"多"的意思，在中国传统吉祥图案中，"五子夺莲"的寓意就是连生贵子，多子多福。此件鼻烟壶刀法古朴，构图紧密，红色的雕漆壶主体，配上"撞色"的翠色壶盖纽，颇有中式审美的意蕴。

甲骨

商

长 17.8cm，宽 7.6cm

美国纽约大都会艺术博物馆藏

其他珍宝

　　甲骨是殷商时期用来占卜、纪事的龟甲和兽骨的简称。其上通常刻有文字，这些文字是我们能见到的已知最早的成熟型文字，被称为"甲骨文"。甲骨在发现之初曾经被当成一味中药"龙骨"，并未发现其研究价值，后经晚清金石学家王懿荣收集和研究，才将这一具有艺术性和文献价值的文物保留下来。甲骨的制作一般是先用刀在兽骨或龟甲正面刻出需要占卜的文字，在背面用烧灼的木柱钻凿，通过裂纹的走向来占卜吉凶。甲骨的正面是待占卜的内容和结果，背面可以看到钻凿的痕迹。

模印砖

秦

长 45.8cm，宽 33.5cm

法国赛努奇博物馆藏

　　模印砖一般出自大型墓室，表现的题材多为宴饮、庖厨、狩猎、攻战等反映墓主人生前生活场景、所获功绩的内容。制作方法为事先设计粉本，刻制成印模，再转印到砖上，进行烧制。此件模印砖上，不论人物的容貌、衣饰，还是动物或器物上的花纹等，均是以凸起的阳刻线表达的，犹如中国传统绘画中的线描。模印砖的中心部分为六段，前五段内容一致，可以看出是同版模印的，最下一段有多种动物纹样。

元谧石棺

北魏

长 223.5cm，宽 61cm

美国明尼阿波利斯艺术中心藏

　　据金石家郭玉堂在其《洛阳出土石刻时地记》中载，元谧石棺在 20 世纪 30 年代出土于洛阳城西北的李家凹村。元谧为北魏宗室，据出土的墓志可知他葬于北魏正光五年（524）。石棺的两边侧板上分刻有丁兰、伯余、郭巨、闵子骞、眉问志、尹伯奇、董笃、老莱子、舜等孝子故事。六朝时期，尤其以顾恺之为代表的绘画，以一种粗细均匀且略带有圆弧形的描法做物形的勾勒，其线条飘逸紧密，连绵生动，世称"密体"画风。此种风格和技巧非常适合运用到石刻中。以北魏元谧石棺为例，通身使用的阴刻线工艺极富装饰性，棺体纹饰充满律动感。

银高足杯

唐

高 7.8cm，口径 4.9cm

美国芝加哥艺术中心藏

　　高足杯在中国古代器物中并不常见，因杯身下有高足而得名。此件器物口沿微撇，杯身圆浑饱满；高足顶部略细，底部外撇。杯身中部以折棱为界，其上为两层花瓣造型，花瓣内以细密的连珠纹为底，其上鎏錾了鸿雁、西番莲、忍冬、葡萄等禽鸟和花草；折棱以下高足的部分也錾有卷草纹样。唐代出土的金银高足杯，或是当时拜占庭使者传入中国，或是造型和工艺受到拜占庭器物形制影响的本土制造。

广胜寺药师佛法会图

元

纵 751.8cm，横 1151.3cm

美国纽约大都会艺术博物馆藏

　　《广胜寺药师佛法会图》壁画是元代佛寺壁画中的经典之作。广胜寺位于山西省洪洞县城东北，始建于东汉，唐代更名为广胜寺，元、明、清三代均有修缮。20 世纪 30 年代，原本属于广胜寺下寺后殿的壁画被切割贩卖。从广胜寺下寺后院东厢房廊檐下发现的《重修广胜下寺佛庙记》碑文记载："山下佛庙建筑，日久倾塌不堪，远近游者不免触目伤心。邑人频欲修葺，辄因巨资莫筹而止。去岁有远客至，言佛殿壁绘，博古者雅好之，价可值千余金。僧人贞达即邀请士绅估价出售，众议以为修庙无资，多年之憾，舍此不图，势必墙倾像毁，同归于尽。因与顾客再三商榷，售得银洋一千六百元，不足以募金补助之。"多年未得修葺，殿宇倾塌，政府无力修缮，不得已之下将壁画分割售卖，获资修庙。这便是当年贩卖壁画的过程。

　　现藏于美国纽约大都会艺术博物馆的《广胜寺药师佛法会图》是东壁壁画中的一块。壁画正中主尊为药师佛，身着红色袈裟，双脚跏趺坐于莲台之上；左右胁侍菩萨分别为日光遍照菩萨和月光遍照菩萨；周围环绕各菩萨、天女、天王、弟子、宝盖、祥云等，气势恢宏，体现了元代佛教壁画的超高水平。

广胜寺炽盛光佛法会图
元
纵 713.7cm，横 1483.4cm
美国纳尔逊－阿特金斯艺术博物馆藏

　　现藏于美国纽约大都会艺术博物馆的《广胜寺药师佛法会图》位于广胜寺
下寺后殿东壁，而西壁壁画则是《广胜寺炽盛光佛法会图》，主尊为手持金轮
跏趺坐于须弥座上的炽盛光佛，周围环绕着周天诸神及侍从。炽盛光佛，又名
炽盛光如来，是释迦牟尼的教令轮身，因其发肤毛孔放出炽盛光焰，故得名。
整幅壁画线条流畅遒劲，人物形象饱满生动。在绘画风格上与山西芮城永乐宫
壁画有相似之处，展现了晋南地区的壁画风格。

广胜寺炽盛光佛法会图

明

纵 244cm，横 457cm

美国宾夕法尼亚大学博物馆藏

　　宾夕法尼亚大学博物馆所藏的此幅广胜寺壁画原为广胜寺下寺前殿的《广胜寺炽盛光佛法会图》。相比纽约大都会艺术博物馆和纳尔逊－阿特金斯艺术博物馆的两幅广胜寺壁画，此幅尺寸较小，年代也较为晚近，约为明代早期风格。

智化寺藻井

明

长 508cm，宽 508cm

美国费城艺术博物馆藏

　　藻井是一种覆斗形的窟顶装饰，呈伞状，由精细的斗拱组成，再辅以雕刻、彩绘等装饰，不仅在视觉上显得美轮美奂，同时也代表着神圣和尊贵。藻井象征着苍穹天宇，只能用于最尊贵的建筑物核心区域上方，故而只有宫殿、敕封寺院、御碑亭等规格的建筑之中才会出现。

　　美国费城艺术博物馆藏的这件藻井来自北京智化寺，属于明代木雕精品。智化寺是敕建寺庙，文献曾载："规制宏敞，像设尊严，涂塈坚完，采绘鲜丽。"藻井通体以上等的楠木雕琢，四角用枝条分成八角形，内置方格，套合形成内八角，井心雕有一条团龙，盘曲遒劲，俯视众生。雕工精美绝伦，堪比宫廷藻井。北京智化寺原有藻井三处，分别是智化殿藻井、藏殿藻井、万佛阁藻井，此图乃智化殿藻井。

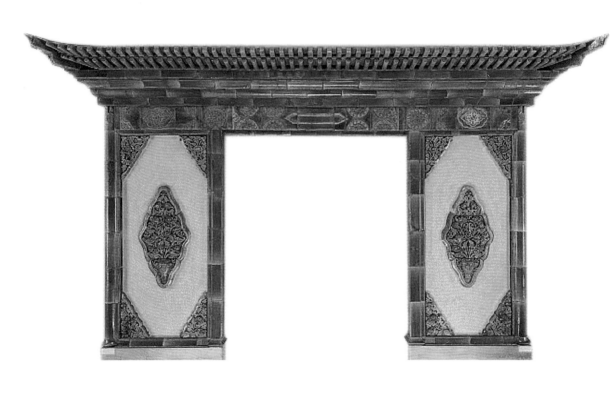

定亲王陵琉璃花门

清

高 452.1cm，宽 482cm

美国纳尔逊 – 阿特金斯艺术博物馆藏

定亲王即爱新觉罗·永璜，清代乾隆帝长子，其生母为哲悯皇贵妃富察氏。乾隆十三年 (1748)，高宗南巡，孝贤纯皇后驾崩，永璜以大阿哥身份迎丧，其间因不懂礼数，被乾隆责备，因而失宠。乾隆十五年三月，薨。高宗追封定亲王，谥"安"。据《钦定大清会典事例》记载，亲王陵的规格为"享殿五间，广五丈三尺，纵二丈七尺"，按照规制，在享殿的后面就是琉璃花门。图中这件定亲王陵琉璃建筑构件就是琉璃花门的主体部分，又称"陵寝门"。在明清王陵建筑中，穿过这道门就是陵墓的主体。纳尔逊 – 阿特金斯艺术博物馆复原的清代亲王陵墓的琉璃花门，通体为绿、黄两色琉璃瓦堆砌而成，门上有琉璃飞檐，门腿上嵌菱形的琉璃中心花和岔角花。整体构件相对完整，展现了清代亲王陵墓的风采。

后记

　　回顾三十多年来走过的海外文物追索之路，感慨万千。对于一个如此庞大、艰巨和复杂的课题，本人深感力有不逮，不堪此重任。但受祖国和民族文化遗产历史责任感所驱使，常以"一念在兹，万山无阻"之语鞭策自己，风雨兼程，砥砺前行。

　　让离家的国宝回家，是千千万万个中华儿女不灭的美好心愿。几十年来，中国从政府到民间，追索流失海外文物的努力从未停止过。1949 年至今，我国通过多种方式坚定地追索流失文物，已经促成了 300 多批次、15 万多件流失文物回归。就在本书即将付梓之际，又传来 7 根圆明园石柱回归祖国的消息。这批石柱是继马首铜像之后又一批回归圆明园的海外重要文物，原系圆明园建筑构件，1860 年被英法联军劫掠至海外。2023 年 10 月，挪威收藏机构向中方捐赠了这批文物，收藏于圆明园管理处。7 根石柱的回归，是各方通力合作的成果，历经十年，文物终归故里。

　　本书的出版，如果对读者有所启迪和激励，使流落海外的国宝不至于渺无踪影，从而推动大家为寻找离家的国宝及流失文物追索返还共同努力，这是我们最大的心愿和收获。

陈文平

2023 年 10 月 10 日

足迹 ○ 陈文平海外文物寻踪三十年

1988 / 06

应邀在日本金泽大学举办
"中国文物鉴赏"讲座

1994 / 02

赴日本京都国立博物馆
调查馆藏中国文物

1998 / 08

赴北京圆明园调查

1999 / 07

采访1947年赴日追索抗
战时期中国被劫文物代表
团成员王世襄先生

2001 / 01

专著《流失海外的国宝》出版
（上海文化出版社）

2001 / 10

赴敦煌莫高窟调查

2008 / 09

参观陕西礼泉九嵕山昭陵

2010 / 01

参加国际博物馆协会"中国濒危文物红色目录"编委会会议

2010 / 11

《中国濒危文物红色目录》发布

2012 / 07

赴美国宾夕法尼亚大学博物馆调查昭陵两骏

2012 / 07

赴美国纽约大都会艺术博物馆调查馆藏中国文物

2014 / 06

赴法国巴黎卢吴公司（彤阁）原址调查

2014 / 06

赴法国枫丹白露宫中国馆
调查圆明园文物

2016 / 06

赴大英博物馆调查馆藏中国
文物

2016 / 08

赴陕西昭陵博物馆调研

2016 / 11

参加昭陵博物馆召开的"第
一届'昭陵二骏'回归问题
学术报告会"

2017 / 02

赴美国纽约参加"呼唤中
国国宝'昭陵二骏'回家"
研讨会，纽约华文报刊报
道研讨会消息

2017 / 02

在纽约法拉盛向华人团体进
行流失文物宣讲

2017 / 02

在纽约大学与美国学者进
行学术交流

2017／02

与宾夕法尼亚大学博物馆东方部负责人史密斯进行学术交流

2017／02

在宾夕法尼亚大学发表"昭陵两骏流失美国真相"演讲

2017／02

与宾夕法尼亚大学的中国留学生志愿者合影留念

2020／06

编译《山中定次郎与山中商会》出版（上海书画出版社）

2022／11

在日本"中国文化财返还运动推进会"举办的线上会议中，发表"中国为什么要追索流失海外的文物"演讲

2023／08

与日本"中国文化财返还运动推进会"成员在辽宁海城三学寺调查石狮流失情况

2023／08

海城人民期盼流失日本的石狮早日回家

2023／08

著作《文物光华：1935年—1936年伦敦中国艺术国际展览会研究》出版（上海书画出版社）

图书在版编目（CIP）数据

离家的国宝 / 陈文平，安夙著 . -- 北京：中信出
版社，2023.11
ISBN 978-7-5217-6042-2

Ⅰ . ①离… Ⅱ . ①陈… ②安… Ⅲ . ①文物－介绍－
中国 Ⅳ . ① K87

中国国家版本馆 CIP 数据核字 (2023) 第 193427 号

离家的国宝
著者： 陈文平，安夙
出版发行：中信出版集团股份有限公司
　　（北京市朝阳区东三环北路 27 号嘉铭中心　邮编　100020）
承印者： 北京雅昌艺术印刷有限公司

开本：787mm×1092mm　1/16　　　　　印张：17.5　　　字数：235 千字
版次：2023 年 11 月第 1 版　　　　　　印次：2023 年 11 月第 1 次印刷
书号：ISBN 978-7-5217-6042-2
定价：138.00 元